本书系马克思主义理论研究和建设工程、国家社科基金重大项目"国家文化软实力建设研究"（项目批准号：2015MZD044）阶段性成果

中华优秀传统文化当代价值

赵坤 著

广西师范大学出版社

GUANGXI NORMAL UNIVERSITY PRESS

·桂林·

图书在版编目（CIP）数据

中华优秀传统文化当代价值 / 赵坤著. —桂林：广西师范大学出版社，2019.8
ISBN 978-7-5598-1718-1

Ⅰ．①中… Ⅱ．①赵… Ⅲ．①中华文化－价值(哲学)－研究 Ⅳ．①K203

中国版本图书馆 CIP 数据核字（2019）第 067699 号

广西师范大学出版社出版发行

（广西桂林市五里店路 9 号　邮政编码：541004）

网址：http://www.bbtpress.com

出版人：张艺兵

全国新华书店经销

广西民族印刷包装集团有限公司印刷

（南宁市高新区高新三路 1 号　邮政编码：530007）

开本：880 mm × 1 240 mm　1/32

印张：7.625　　　字数：170 千字

2019 年 8 月第 1 版　　2019 年 8 月第 1 次印刷

定价：39.00 元

中华优秀传统文化是实现中国梦的深厚软实力

实现中国梦依靠经济、科技、国防等硬实力的支持,也依靠制度、治理、文化等软实力的支撑。国家文化软实力是在中华优秀传统文化的丰厚土壤上生长起来的,包含着中华优秀传统文化的基因。习近平总书记强调,中华民族伟大复兴需要以中华文化发展繁荣为条件,必须大力弘扬中华优秀传统文化。增强实现中国梦的文化软实力,弘扬中华优秀传统文化是基础性工程。

第一,中华优秀传统文化拓展中国梦的文化根基。

中华民族 5000 多年的悠久文明,蕴育发展出根深叶茂、源远流长、丰富多样的优秀传统文化。优秀传统文化广泛存在于民族的、历史的、社会的文明成果中,存在于博大精深的思想文化中,存在于民众的价值观念、行为准则中。优秀传统文化塑造了民族品格,滋养了中国精神,陶冶了中华儿女,是中华民族自立于世界民族之林、生生不息的文化基因。

实现中华民族伟大复兴,是中华民族近代以来最伟大的梦想。这一梦想,上承中华民族在 5000 多年发展中形成的以伟大创造精神、伟大奋斗精神、伟大团结精神、伟大梦想精神为主要内容的伟大民族精神,是优秀传统文化激励出的不甘屈辱、不甘沉沦、不甘落后的发愤图强梦想。这一梦想,下启科学社会主义的理论逻辑与近代以来中国社会发展的历史逻辑走向融合的进程,是马克思主义基本理论与中国实际、中国文化相结合的社会主义现代化梦想。中华优秀传统文化贯通于中国梦的全过程,构成了中国梦的文化根基。这也是习近平总书记强调实现中国梦必须弘扬中国精神的重要缘由。

在中国特色社会主义道路上实现民族复兴,必须坚持和发展中国特色社会主义文化。中国特色社会主义文化,扎根于民族文化的深厚土壤,继承优秀传统文化的全部成果。马克思主义中国化就包含着中国文化的融合。因此,以文化兴盛推动民族强盛,就是要自觉发展繁荣以中华优秀传统文化为渊源,以革命文化为内核,以社会主义先进文化为代表的中国特色社会主义文化。中国梦的文化根基,是中国共产党成立以来建设新民主主义文化、社会主义文化、中国特色社会主义文化的全部成果,是近代以来文化变革和更新、建设新文化的重要成果,也是中华民族5000多年文化传承的优秀成果。

第二,中华优秀传统文化强化中国梦的文化纽带。

中国梦是全体中华儿女共同的复兴梦。正因如此,习近平总书记提出,两岸同胞共同来圆"中国梦"。能够把两岸同胞、海内外华人连接在一起的,是中华优秀传统文化的感召力、凝聚力。民族文化渗入血脉、薪火相传,文化认同支撑起民族认同、国家认同。中华民族能够长期保持统一局面,各民族能够共同生活于和共同建设中华家园,中华文化能够长久流传而不衰,文化上的原因就是形成了富有生命力的优秀文化。无论历史怎样变迁,中华儿女的民族文化熏陶积淀为不能割舍的爱国情感。中华儿女无论身居何地,或大陆或海外,都改变不了"我的中国心"。中国梦是一个伟大民族自尊自立自强的情怀,反映了优秀传统文化的思想内核,中华儿女"位卑未敢忘忧国",渴望国家的强大统一,坚决反抗外国侵略,坚决反对国家分裂。

中国梦是56个民族共同的复兴梦。把56个民族凝聚在一起的文化纽带,是千百年来各民族文化交流融合的中华文化。中华文化是各民族在发展过程中共同浇灌的文化,是吸收各民族文化优秀成果融汇而成的文化。历史上的征战与统一、各民族的迁徙与融合,都促进了优秀传统文化的丰富壮大,都增强了中华文化的亲和力和包容性。文成公主架起了汉藏文化交流的桥梁,丝绸之路也是一条文化河流。当前,我国地区、民族发展不平衡,各民族信仰、习俗各有差异。动员各族人民为实现中国梦共同奋斗,要坚持用中国特色社会主义共同理想信念激励人心,充分发挥中华文化的纽带作用,让中国梦与优秀传统文化更加密接,与各民族文化心理更加贴近。

第三,中华优秀传统文化增强中国梦的文化动力。

中华优秀传统文化是思想、精神的一个富矿,在实现"两个一百年"的奋斗进程中有着重要价值,是不可或缺的动力。包含中华优秀传统文化的中国精神为中华儿女构建了永久的精神家园,为各族同胞提供了牢固的价值认同,为每个国人注入了强烈的家国情怀,是中华民族团结统一的精神纽带。中国精神充满着坚忍不拔、正气凛然、奋斗拼搏、不畏牺牲的气质,如孔子的"三军可夺帅也,匹夫不可夺志也",孟子的"富贵不能淫,贫贱不能移,威武不能屈",都在教导人们志存高远、德行天下,是中华民族奋发向上、勇往直前的精神动力。中华历史上儒、道、墨、法等学派,有许多精辟思想仍然在传播,为大众所诵读熟记,发挥着教化作用,是民族的精神营养,也是实现中国梦的精神营养。

中国共产党自成立之日起,就既是中华优秀传统文化的忠实传承者,又是中国先进文化的积极倡导者和发展者。中华优秀传统文化,已经深深植入民族心理、肌体、行为之中,并且是实现中国梦的正能量,不仅不能排斥,而且还要积极继承、努力发扬。我们曾经不加区别地否定传统文化,动摇了我们的"根"和"魂",结果付出了很大代价。当前,要把继承中华优秀传统文化更好地融入中国特色社会主义文化建设之中,使二者成为同一个整体、同一个过程。中华文化蓬勃发展、持续建设,是中华民族共同奋斗的先进思想引领,构成实现中国梦的强大文化力量。

《中华优秀传统文化当代价值》这本书,以习近平总书记关于中华优秀传统文化重要思想为指导,着眼实现"两个一百年"奋斗目标和中华民族伟大复兴的中国梦,主要围绕中华优秀传统文化当代价值"是什么"和"怎么实现"两个核心问题分析和展开。本书从马克思主义价值论的角度,设计了合理的价值评价环节,分析了价值评价的影响因素,确定了科学的价值评价标准,最终得出了较为全面科学的评价结论。本书结合当代中国和世界实际,提出了凝聚整合价值、借鉴启发价值、德育教化价值、审美娱乐价值、文化产业价值、世界和平发展价值等六个方面的当代价值。本书还提出,实现中华优秀传统文化当代价值,应坚持批判继承、古为今用的基本原则,应坚持创造性转化、创新性发展的具体方法,应构建中华优秀传统文化传承发展体系。本书研究的角度和得出的结论,有一定的创新性,对于当前传承和弘扬中华优秀传统文化具有一定研究意义和价值。

颜晓峰

天津大学马克思主义学院院长、教授

2018 年 7 月

目录

第一章

导　论

　　文化是民族的灵魂,传统文化是民族的基因。中华民族几千年来创造了悠久灿烂的中华文化,为中华民族的生生不息、发展壮大提供了丰厚滋养,为人类社会的文明进步、和平发展做出了卓越贡献。近代以来,在中西文化碰撞交锋中,中华文化受到了一些人的质疑、批判,甚至遭到了某些人的抛弃、破坏。"文运同国运相牵,文脉同国脉相连。""历史和现实都表明,一个抛弃了或者背叛了自己历史文化的民族,不仅不可能发展起来,而且很可能上演一幕幕历史悲剧。"①传承中华文脉,复兴中华文明,已经成为中华民族神圣的历史使命。

　　改革开放以来,特别是党的十八大以来,以习近平同志为核心的党中央高度重视中华优秀传统文化当代价值,民间和学术界也掀起了"国学热"和"传统文化热"。党的十九大报告强调:"深入挖掘中华优秀传统文化蕴含的思想观念、人文精神、道德规范,结

---

① 习近平:《在中国文联十大、中国作协九大开幕式上的讲话》,《人民日报》2016 年 12 月 1 日第 2 版。

合时代要求继承创新,让中华文化展现出永久魅力和时代风采。"①
当前,中国特色社会主义进入新时代,决胜全面建成小康社会,实
现中华民族伟大复兴,成为全体中国人民的奋斗目标。挖掘和利
用中华优秀传统文化的丰富资源,为中华民族伟大复兴提供文化
支持,是当前文化建设的重要任务,也是时代发展的强烈呼唤。

在这种背景下,重新评价中华优秀传统文化当代价值,深入阐
发中华优秀传统文化当代价值的丰富内涵,努力探索实现中华优
秀传统文化当代价值的方法途径,既是历史的使命,也是时代的呼
唤,具有重要的理论和现实意义。

一、马克思主义创始人的传统文化观

马克思主义作为人类解放的科学理论,是革命性与科学性的
统一。对待传统文化,马克思主义创始人坚持革命性的批判,又坚
持科学性的继承。马克思、恩格斯在《共产党宣言》中指出,共产主
义革命必须与传统进行"最彻底的决裂":"共产主义革命就是同传
统的所有制关系实行最彻底的决裂;毫不奇怪,它在自己的发展进
程中要同传统的观念实行最彻底的决裂。"②这里的"传统"是指阻
碍人类解放和社会进步的旧制度和旧思想,并不是指一切传统文
化。同时,马克思恩格斯又认为,传统是人类创造历史的基础,指
出:"人们自己创造自己的历史,但是它们并不是随心所欲地创造,
并不是在他们自己选定的条件下创造,而是在直接碰到的、既定
的、从过去承继下来的条件下创造。一切已死的先辈们的传统,像

---

① 习近平:《决胜全面建成小康社会 夺取新时代中国特色社会主义伟大胜利——在中国共
　产党第十九次全国代表大会上的报告》,人民出版社 2017 年版,第 42 页。
② 《马克思恩格斯文集》第 2 卷,人民出版社 2009 年版,第 52 页。

梦魇一样纠缠着活人的头脑。"①马克思恩格斯对传统不是全盘抛弃,列宁指出:"马克思主义这一革命无产阶级的意识形态赢得了世界历史性的意义,是因为它并没有抛弃资产阶级时代最宝贵的成就,相反却吸收和改造了两千多年来人类思想和文化发展中一切有价值的东西。"②

俄国十月革命胜利后,列宁针对苏联文化建设中出现的思想分歧,明确指出:"应当明确地认识到,只有确切地了解人类全部发展过程所创造的文化,只有对这种文化加以改造,才能建设无产阶级的文化,没有这样的认识,我们就不能完成任务。""无产阶级文化应当是人类在资本主义社会、地主社会和官僚社会压迫下创造出来的全部知识合乎规律的发展。""只有了解人类创造的一切财富以丰富自己的头脑,才能成为共产主义者。"③马克思、恩格斯与列宁等人对传统文化既批判又继承的思想,为中国共产党传承发展中国传统文化指明了科学方向。

二、中国共产党关于传统文化的指导思想

在带领中国人民进行革命、建设、改革的长期历史实践中,中国共产党人始终是中国优秀传统文化的忠实继承者和弘扬者。毛泽东在《中国共产党在民族战争中的地位》中指出:"我们这个民族有数千年的历史,有它的特点,有它的许多珍贵品。对于这些,我们还是小学生。今天的中国是历史的中国的一个发展;我们是马克思主义的历史主义者,我们不应当割断历史。从孔夫子到孙中

---

① 《马克思恩格斯文集》第 2 卷,人民出版社 2009 年版,第 270 页。
② 《列宁选集》第 4 卷,人民出版社 2012 年版,第 299 页。
③ 《列宁选集》第 4 卷,人民出版社 2012 年版,第 285 页。

山,我们应当给以总结,承继这一份珍贵的遗产。"①对于如何"承继",毛泽东在《新民主主义论》中指出:"中国的长期封建社会中,创造了灿烂的古代文化。清理古代文化的发展过程,剔除其封建性的糟粕,吸收其民主性的精华,是发展民族新文化提高民族自信心的必要条件;但是决不能无批判地兼收并蓄。必须将古代封建统治阶级的一切腐朽的东西和古代优秀的人民文化即多少带有民主性和革命性的东西区别开来。"②毛泽东还在《论联合政府》中指出:"对于中国古代文化,同样,既不是一概排斥,也不是盲目搬用,而是批判地接收它,以利于推进中国的新文化。"③新中国成立后,毛泽东多次提到要利用传统文化,他指出:"对中国的文化遗产,应当充分地利用,批判地利用。"④"古为今用,洋为中用。"⑤

改革开放以来,中国共产党关于传统文化的理论与实践又有了新的发展。邓小平指出,对待传统文化,"要运用马克思列宁主义、毛泽东思想,对于封建主义遗毒的表现,进行具体的准确的如实的分析","要划清文化遗产中民主性精华同封建性糟粕的界限",而不能"不加分析地把什么都说成是封建主义"。⑥江泽民指出:"必须继承和发扬民族优秀传统文化而又充分体现社会主义时代精神,立足本国而又充分吸收世界文化优秀成果,不允许搞民族虚无主义和全盘西化。"⑦胡锦涛指出:"要全面认识祖国传统文化,

---

① 《毛泽东选集》第2卷,人民出版社1991年版,第533—534页。
② 《毛泽东选集》第2卷,人民出版社1991年版,第707—708页。
③ 《毛泽东选集》第3卷,人民出版社1991年版,第1083页。
④ 《毛泽东文集》第8卷,人民出版社1996年版,第225页。
⑤ 《毛泽东文艺论集》,中央文献出版社2002年版,第227页。
⑥ 《邓小平文选》第2卷,人民出版社2012年版,第335页。
⑦ 《江泽民文选》第1卷,人民出版社2006年版,第158页。

取其精华,去其糟粕,使之与当代社会相适应、与现代文明相协调,保持民族性,体现时代性。"[①]

三、习近平关于中华优秀传统文化的思想

党的十八大以来,习近平高度重视中华优秀传统文化,在《借鉴历史上优秀廉政文化　不断提高拒腐防变能力》《把培育和弘扬社会主义核心价值观作为凝魂聚气强基固本的基础工程》《在联合国教科文组织总部的演讲》《在纪念孔子诞辰 2565 周年国际学术研讨会暨国际儒学联合会第五届会员大会开幕会上的讲话》《在文艺工作座谈会上的讲话》《在哲学社会科学工作座谈会上的讲话》等一系列重要讲话中,对如何认识和弘扬中华优秀传统文化作了深刻系统的阐释和指导。

(一)关于中华优秀传统文化的重要意义

第一,中华优秀传统文化为中华民族提供了丰厚滋养。一个民族的生生不息、发展壮大、繁荣稳定,既需要适宜的地理环境和雄厚的物质条件,也需要丰厚的精神滋养。习近平指出:"中华文明经历了 5000 多年的历史变迁,但始终一脉相承,积淀着中华民族最深层的精神追求,代表着中华民族独特的精神标识,为中华民族生生不息、发展壮大提供了丰厚滋养。"[②]

第二,中华优秀传统文化为实现中国梦提供强大精神力量。实现中华民族伟大复兴的中国梦,是近代以来中华民族最伟大的梦想。伟大梦想需要伟大力量,伟大目标需要文化支撑。习近平指出:"精神的力量是无穷的,道德的力量也是无穷的。中华文明

---

① 《十七大以来重要文献选编》(上),中央文献出版社 2009 年版,第 27 页。

② 习近平:《在联合国教科文组织总部的演讲》,《人民日报》2014 年 3 月 28 日第 3 版。

源远流长,蕴育了中华民族的宝贵精神品格,培育了中国人民的崇高价值追求。自强不息、厚德载物的思想,支撑着中华民族生生不息、薪火相传,今天依然是我们推进改革开放和社会主义现代化建设的强大精神力量。"①

第三,中华优秀传统文化有利于提高国家文化软实力。当今世界,文化软实力的竞争日益激烈,世界主要国家都非常重视提高国家文化软实力。中华优秀传统文化是提高国家文化软实力的源头活水,是中华民族独特的文化优势。习近平指出:"提高国家文化软实力,要努力展示中华文化独特魅力。在5000多年文明发展进程中,中华民族创造了博大精深的灿烂文化,要使中华民族最基本的文化基因与当代文化相适应、与现代社会相协调,以人们喜闻乐见、具有广泛参与性的方式推广开来,把跨越时空、超越国度、富有永恒魅力、具有当代价值的文化精神弘扬起来,把继承传统优秀文化又弘扬时代精神、立足本国又面向世界的当代中国文化创新成果传播出去。"②

第四,中华优秀传统文化有利于培育和弘扬社会主义核心价值观。构建具有强大感召力的社会核心价值观,关系社会和谐稳定,关系国家长治久安,关系中国梦顺利实现。牢固的核心价值观都有其固有的根本。习近平指出:"培育和弘扬社会主义核心价值观必须立足中华优秀传统文化。牢固的核心价值观,都有其固有的根本。抛弃传统、丢掉根本,就等于割断了自己的精神命脉。博大精深的中华优秀传统文化是我们在世界文化激荡中站稳脚跟的

---

① 习近平:《为实现中国梦凝聚有力道德支撑》,《人民日报》2013年9月27日第1版。
② 习近平:《建设社会主义文化强国 着力提高国家文化软实力》,《人民日报》2014年1月1日第1版。

根基。"①

第五，中华优秀传统文化为国家治理能力现代化提供有益借鉴。一个国家选择什么样的治理体系，是由这个国家的历史传承、文化传统、经济发展水平决定的。推进国家治理体系和治理能力现代化，必须扎根民族历史文化土壤，从中汲取丰富营养和有益借鉴。习近平指出："在漫长的历史进程中，中华民族创造了独树一帜的灿烂文化，积累了丰富的治国理政经验，其中既包括升平之世社会发展进步的成功经验，也有衰乱之世社会动荡的深刻教训。我国古代主张民惟邦本、政得其民，礼法合治、德主刑辅，为政之要莫先于得人、治国先治吏，为政以德、正己修身，居安思危、改易更化，等等，这些都能给人们以重要启示。"②

第六，中华优秀传统文化有利于提高党拒腐防变能力。我国古代积累了优秀的廉政文化，既有提倡廉洁的优秀思想，也有惩治贪腐的实践经验，是我们今天推进反腐倡廉建设的宝贵资源。借鉴中国古代优秀的廉政文化，有利于提高拒腐防变能力。习近平指出："研究我国反腐倡廉历史，了解我国古代廉政文化，考察我国历史上反腐倡廉的成败得失，可以给人以深刻启迪，有利于我们运用历史智慧推进反腐倡廉建设。"

第七，中华优秀传统文化为解决人类难题提供重要启示。当今世界，世界多极化、经济全球化、文化多样化、社会信息化深入发展，全球经济贸易增长乏力，局部战争不断、恐怖主义盛行、地区发

① 习近平：《把培育和弘扬社会主义核心价值观作为凝魂聚气强基固本的基础工程》，《人民日报》2014 年 2 月 26 日第 1 版。
② 习近平：《牢记历史经验历史教训历史警示 为国家治理能力现代化提供有益借鉴》，《人民日报》2014 年 10 月 14 日第 1 版。

展不均等问题严重威胁着人类的和平与发展。习近平指出："世界上伟大的哲学社会科学成果都是在回答和解决人与社会面临的重大问题中创造出来的。"①中华优秀传统文化博大精深,包含了丰富的哲学社会科学成果,为今天回答解决我国和世界面临的重大问题提供了宝贵的启示。习近平指出："要解决这些难题,不仅需要运用人类今天发现和发展的智慧和力量,而且需要运用人类历史上积累和储存的智慧和力量。世界上一些有识之士认为,包括儒家思想在内的中国优秀传统文化中蕴藏着解决当代人类面临的难题的重要启示。"②

(二)关于中华优秀传统文化的传承发展

第一,宣传阐释。近代以来,在中西文化激烈碰撞过程中,人们对中国传统文化产生了一些误解,对中华优秀传统文化的重要价值和丰富内容认识不够充分。因此,传承发展中华优秀传统文化必须加强宣传阐释。习近平指出："宣传阐释中国特色,要讲清楚每个国家和民族的历史传统、文化积淀,基本国情不同,其发展道路必然有着自己的特色;讲清楚中华文化积淀着中华民族最深沉的精神追求,是中华民族生生不息、发展壮大的丰厚滋养;讲清楚中华优秀传统文化是中华民族的突出优势,是我们最深厚的文化软实力;讲清楚中国特色社会主义植根于中华文化沃土、反映中国人民意愿、适应中国和时代发展进步要求,有着深厚历史渊源和广泛现实基础。"③"要系统梳理传统文化资源,让收藏在禁宫里的

---

① 习近平:《在哲学社会科学工作座谈会上的讲话》,《人民日报》2016 年 5 月 19 日第 2 版。
② 习近平:《在纪念孔子诞辰 2565 周年国际学术研讨会暨国际儒学联合会第五届会员大会开幕会上的讲话》,《人民日报》2014 年 9 月 24 日第 2 版。
③ 习近平:《胸怀大局把握大势着眼大事 努力把宣传思想工作做得更好》,《人民日报》2013 年 8 月 21 日第 1 版。

文物、陈列在广阔大地上的遗产、书写在古籍里的文字都活起来。"①

第二，科学分析，批判继承。近代以来，极端的文化态度曾一度大行其道。对传统文化，一部分认为应该完全固守不变，另有一部分人则认为应该完全抛弃不用。这两种极端态度，对传统文化的传承发展产生了非常负面的影响。习近平指出："对历史文化特别是先人传承下来的价值理念和道德规范，要坚持古为今用、推陈出新，有鉴别地加以对待，有扬弃地予以继承，努力用中华民族创造的一切精神财富来以文化人、以文育人。"②"我们要对传统文化进行科学分析，对有益的东西、好的东西予以继承和发扬，对负面的、不好的东西加以抵御和克服，取其精华、去其糟粕，而不能采取全盘接受或者全盘抛弃的绝对主义态度。"③

第三，创造性转化和创新性发展。中华优秀传统文化形成于中国古代，其中的一些内容和形式，不完全适应当代中国和世界，需要进行创新转化。习近平指出："要处理好继承和创造性发展的关系，重点做好创造性转化和创新性发展。"④"要推动中华文明创造性转化、创新性发展，激活其生命力，让中华文明同各国人民创造的多彩文明一道，为人类提供正确精神指引。要围绕我国和世界发展面临的重大问题，着力提出能够体现中国立场、中国智慧、

---

① 习近平：《建设社会主义文化强国 着力提高国家文化软实力》，《人民日报》2014 年 1 月 1 日第 1 版。
② 习近平：《把培育和弘扬社会主义核心价值观作为凝魂聚气强基固本的基础工程》，《人民日报》2014 年 2 月 26 日第 1 版。
③ 习近平：《牢记历史经验历史教训历史警示 为国家治理能力现代化提供有益借鉴》，《人民日报》2014 年 10 月 14 日第 1 版。
④ 习近平：《把培育和弘扬社会主义核心价值观作为凝魂聚气强基固本的基础工程》，《人民日报》2014 年 2 月 26 日第 1 版。

中国价值的理念、主张、方案。"①

第四,文明交流互鉴。中华民族历来是一个兼容并蓄、海纳百川的民族,中华优秀传统文化也是吸纳融合其他优秀文化的结果。习近平指出:"文明因交流而多彩,文明因互鉴而丰富。文明交流互鉴,是推动人类文明进步和世界和平发展的重要动力。""中华文明是在中国大地上产生的文明,也是同其他文明不断交流互鉴而形成的文明。""我们应该从不同文明中寻求智慧、汲取营养,为人们提供精神支撑和心灵慰藉,携手解决人类共同面临的各种挑战。"②

另外,习近平在许多重要讲话中大量应用中国古代名言警句,《人民日报》评论部辑录了这些名言警句,出版了《习近平用典》一书,充分体现了习近平对传统文化的热爱和重视。习近平关于中华优秀传统文化的重要论述,深刻阐明了中华优秀传统文化的重大意义,清晰指出了传承发展中华优秀传统文化的科学方法,形成了系统深刻的传统文化思想,为我们实现中华优秀传统文化当代价值提供了根本遵循。

四、学术界关于中华优秀传统文化的研究现状

长期以来,中华优秀传统文化一直是学术界研究的热点。经过许多学者的深入研究和广泛争鸣,近年来产生了一大批质量高、影响大的专著和文章,下面仅对该方面主要成果进行介绍和评析。

---

① 习近平:《在哲学社会科学工作座谈会上的讲话》,《人民日报》2016 年 5 月 19 日第 2 版。
② 习近平:《在联合国教科文组织总部的演讲》,《人民日报》2014 年 3 月 28 日第 3 版。

（一）关于中华优秀传统文化的重要价值

许多学者充分认识到传统文化,特别是其中的优秀传统文化,对于当代中国和世界具有重要价值。这些重要价值主要包括:

第一,中华优秀传统文化是助推中国梦的重要文化力量。中国梦与中华优秀传统文化有着紧密的内在联系。有学者指出,中华民族自古以来追求的就是"天下为公"的"大同"社会。正是在这个意义上,我们说"中国梦"深深扎根于中华民族的文化土壤,凝结着中华民族的历史追求,渊源于中华民族的文化基因。[①] 有学者认为,中国梦深深扎根于中华优秀传统文化的沃土之中,中国梦承载着中华民族既古老又常青的光荣与梦想,浓缩了五千年中华文明的优秀文化基因。[②] 有学者认为,中国梦是对中华优秀传统文化的历史继承和当代表达,中华优秀传统文化是坚持中国道路的文化根基,是铸造民族魂魄的精神命脉,是实现中华民族伟大复兴的智慧宝库。[③]

实现中国梦,必须大力弘扬中华优秀传统文化,从中汲取智慧力量。有学者指出,国家文化软实力是在中华优秀传统文化的丰厚土壤上生长起来的,包含着中华优秀传统文化的基因。中华优秀传统文化拓展中国梦的文化根基,强化中国梦的文化纽带,增强中国梦的文化动力。增强实现中国梦的文化软实力,弘扬中华优秀传统文化是基础性工程。[④] 有学者认为,我们应该从古人那里汲

---

① 李君如:《中国梦与中华民族的社会理想》,《中国国家博物馆馆刊》2015 年第 12 期。
② 高文兵:《从优秀传统文化中汲取实现中国梦的精神力量》,《人民日报》2013 年 7 月 22 日第 7 版。
③ 景俊海:《用中华优秀传统文化助推中国梦的实现》,《光明日报》2016 年 1 月 23 日第 9 版。
④ 颜晓峰:《中华优秀传统文化是实现中国梦的深厚软实力》,《中国国家博物馆馆刊》2015 年第 12 期。

取智慧,从外部世界汲取智慧,让这一切为我所用,为实现中华民族复兴之梦而"用"。中华文明源远流长的文化传统,包括政治文化传统,为我们实现民族复兴的中国梦提供了极为宝贵而丰富的思想资源和精神资源。①

第二,中华优秀传统文化是推进治国理政的重要文化资源。推进国家治理体系和治理能力现代化,要借鉴人类政治文明的有益成果,这就包括了中华优秀传统文化中的政治文明成果。近几年,学术界出版了许多挖掘中华优秀传统文化中治国理政智慧的优秀著作。国家图书馆出版社出版了《部级领导干部历史文化讲座:传统文化中的治国理政智慧》,辑录了许多著名专家学者历史文化方面的精彩讲稿,这些讲稿梳理了中华优秀传统文化中的治国理政方面的成功经验和失败教训,包括历朝历代对经济、政治、社会的治理,也包括历史经典中记录和总结出来的治国理政智慧。《传统文化中的治国理政智慧》一书从中国古代典籍中选取历代思想家、政治家治国理政思想言论或实践案例,从不同角度阐述我国传统文化中的治国理政智慧。《平天下:中国古典治理智慧》一书从古代经典精选了若干名句,按中国古典的政治理路,分为修身、为学、民本、官德、治理、天下六个篇目,深入挖掘了其中的治国理政智慧。这些著作的出版发行以及引起的热烈反响和良好效果,充分说明了中华优秀传统文化对于"完善和发展中国特色社会主义制度、推进国家治理体系和治理能力现代化"的重要意义。

同时,关于中华优秀传统文化与治国理政,还有一些较有深度的学术文章。有学者从"世界大同""以德治国""中庸之道""水能

---

① 张维为:《中国文化传统与中国梦》,《中国国家博物馆馆刊》2015 年第 12 期。

载舟,亦能覆舟""物极必反,盛极必衰""无为而治""韬光养晦"
"治大国如烹小鲜"等八个方面挖掘了这些传统智慧中的治国理
念,主张将传统中国理想化的、有文化的、深入人心的一套治国理
政观念,结合现代法治、监督、民本的政治观念,形成现代中国的政
治文明。① 有学者认为,中华优秀传统文化之所以仍然有益于新时
代的治国理政,在于其至今仍然影响着当代中国人的民族心性,是
当下治国理政所以立基、必当关注的文化土壤,是我们凝聚国魂不
能割断的精神血脉,也在于其包含着丰富的为政之理、治吏之道,
是国家治理体系和治理能力建设应当精心采掘、创造性运用的智
慧矿藏。② 有学者认为,中国优秀传统思想文化丰富的哲学思想、
人文精神、教化思想、道德理念等,可以为人们认识和改造世界提
供有益启迪,可以为治国理政提供有益启示,也可以为道德建设提
供有益启发。作为新时期的领导干部来说,汲取中国优秀传统文
化从政智慧,对于提高思想品质、道德修养、工作能力大有裨益。③
另外,一些学者还从治国理政的具体问题着眼,深入挖掘了中华优
秀传统文化中的治国理政智慧。

　　第三,中华优秀传统文化是培育和弘扬社会主义核心价值观
的重要文化资源。核心价值观在一定社会的文化中是起中轴作用
的,是决定文化性质和方向的最深层次要素,是一个国家的重要稳
定器。关于社会主义核心价值观与中华优秀传统文化的关系,以
及如何在传承和弘扬中华优秀传统文化中培育和践行社会主义核

---

① 　王蒙:《中华传统文化中的治国理念》,《贵州文史丛刊》2013 年第 4 期。
② 　沈壮海、刘水静:《优秀传统文化与新时代的治国理政》,《中国教育报》2015 年 8 月 7 日第
　　3 版。
③ 　孙长来:《中国传统文化从政智慧与领导干部能力的提升》,《上海党史与党建》2015 年
　　1 月。

心价值观,成为学界研究的热点。《国学与社会主义核心价值观》《兴国之魂:社会主义核心价值观与中华民族优秀传统文化》《社会主义核心价值观国学参考读本》等书,深入分析了社会主义核心价值观与中华优秀传统文化的渊源,认为只有从优秀传统文化中去寻根溯源、汲取营养,才能更深刻地理解、更全面地把握、更自觉地践行社会主义核心价值观。

在论文方面,有学者指出,社会主义核心价值观不仅是对中国特色社会主义理想信念的集中概括,也是对我们民族历代先贤有关重大价值选择的深刻总结,因而有着广泛的现实基础和深厚的历史渊源,可以说是对中华民族五千多年悠久文明的继承与创新,我们完全可以从中国传统文化中找到理论源头和宝贵资源,从而显示出社会主义核心价值观的中国特色。[①] 有学者认为,中华优秀传统文化不仅是社会主义核心价值观的肥沃土壤、思想资源和源头活水,而且也蕴含着社会主义核心价值观的精神要素。培育践行社会主义核心价值观既要求传承和弘扬中华优秀传统文化,更要求对中华优秀传统文化做出创造性转化和创新性发展,促进中华优秀传统文化的当代发展,以达到超迈以往的新境界、新水平,创造中华文化的新形态、新辉煌。[②] 有学者认为,社会主义核心价值观是中华优秀传统文化的精髓和灵魂,中华优秀传统文化是社会主义核心价值观的深厚源泉。在新的时代条件下,不断从中华优秀传统文化中汲取养分,自觉传承优秀传统文化中的道德理念,

---

① 黄钊:《论社会主义核心价值观同中国优秀传统文化资源的亲密关系》,《思想政治教育研究》2015年第1期。
② 王泽应:《论承继中华优秀传统文化与践行社会主义核心价值观》,《伦理学研究》2015年第1期。

就能不断丰富社会主义核心价值观的内涵,更加有效地培育和践行社会主义核心价值观,进而使之真正成为国家、社会和个人三个层面共同自觉遵守的行为规范和道德准则。①

　　第四,中华优秀传统文化是提升国家文化软实力的重要文化资源。文化软实力集中体现了一个国家基于文化而具有的凝聚力和生命力,以及由此产生的吸引力和影响力。"软实力"概念的提出者约瑟夫·奈指出:"中国古代文化中虽然未提及软实力,但中国人其实早已深谙此道。"他认为:"中国的软实力增强很有潜力。""中国有魅力无穷的传统文化,而且如今正逐步打入全球流行文化圈。""中国的软实力上升于己、于世界都有益处。"②有学者认为,历史上,我们的祖先创造了博大精深的中华文化,在励志修为、道德涵养、品格磨炼、认识世界、经世致用、用兵谋略、内政外交、治国理政等方面,有很多深刻的思想和精辟的论述。这是我国文化软实力建设取之不尽、用之不竭的丰厚资源。这些优秀传统文化一旦被赋予新的时代内涵,并结合外来的先进文化,就会形成超越时空、跨越国度的魅力,成为增强我国文化软实力的独特优势。③　有学者认为,中华文化源远流长、博大精深,是中华民族自强不息、前行不止的强大精神支撑;中华文化富于创造、兼收并蓄,是中华民族自立世界、实现复兴的坚实文化基础;中华文化蓬勃发展、持续建设,是中华民族凝聚力量、共同奋斗的先进思想引领。提高国家

①　刘芳:《中华优秀传统文化:社会主义核心价值观的精神滋养》,《思想理论教育》2015 年 1 月。
②　约瑟夫·奈:《软实力》,中信出版社 2013 年版,中文版序。
③　张国祚:《构建平台 加强协同 深化和拓展国家文化软实力研究》,《光明日报》2015 年 11 月 30 日第 15 版。

文化软实力,从根本上说,就是大力弘扬和建设中华文化。[1] 有学者指出,几千年的文化熏染,在古代中国形成了独特的文化传统——重视文化的积累、传承。中国古代虽然没有文化软实力的说法,但的确有着重视文化软实力的传统。即使今天国家非常重视文化软实力的提升,但是若不清除近代以来沿袭下来的轻视传统文化的积习流弊,提升文化软实力的目标也就不能很好地实现。传统文化的独特优势,是中国走向光明未来的重要资源。我们应当发掘传统文化资源,使其为我国文化软实力的提升做出应有的贡献。[2]

第五,中华优秀传统文化对于世界的和平与发展具有重要意义。许多中国学者也非常看好中华文化的前景和世界意义。钱穆认为:"当前世界人类,另外拥有一种优良文化,博大深厚,足以与现代欧西文化抗颜行者,则只有中国。""只有发扬中国文化,不仅为救中国,亦可以救人类。"[3]季羡林指出:"目前流行全世界的西方文化并非历来如此,也绝不可能永远如此,到了21世纪,三十年河西的西方文化将逐步让位于三十年河东的东方文化,人类文化的发展将进入一个新的时期。"[4]他认为由于东西方思维方式的不同,导致到了21世纪"西方形而上学的分析已经走到尽头,而东方寻求整体的综合必将取而代之"[5]。许嘉璐认为,人类要实现自身的永续发展,最重要的是处理好四个关系——身与心、人与人、人与

---

[1] 颜晓峰:《弘扬和建设中华文化是提高国家文化软实力的根本》,《光明日报》2015年11月4日第13版。

[2] 孟宪实:《传统文化:中国文化软实力之源》,《时事报告》2007年第4期。

[3] 钱穆:《中华文化十二讲》,九州出版社2012年版,第93页。

[4] 季羡林:《三十年河东 三十年河西》,当代中国出版社2006年版,第11页。

[5] 季羡林:《三十年河东 三十年河西》,当代中国出版社2006年版,第14页。

自然、现实和未来的关系。对比其他国家的文化,中华文化能够最恰当地处理好这四种关系,最适合人类生存、发展、繁衍,走向幸福。他指出,中华文化是全世界文化里最富的"矿",为了中华民族真正能实现几千年前的梦想——大同世界,为全人类的福祉,我们有资格、有义务,把它介绍给世界。①

(二)关于中华优秀传统文化的传承方法

学界普遍认为,从公元 1500 年左右西方地理大发现开始,中国在世界上已经落伍了。到 19 世纪中叶,西方的坚船利炮打开了中国大门,西方文化汹涌而入。在西学东渐的浪潮中,胡适曾经哀叹:"当吾沉酣好梦之时,彼西方诸国,已探赜索隐,登峰造极,为世界造一新文明,开一新天地,此新文明之势力,方挟风鼓浪,蔽天而来,叩吾关而窥吾室,以吾数千年之旧文明当之,乃如败叶之遇疾风,无往而不败衄,于是睡狮之梦醒矣。"②可以说,在"数千年未有之大变局"中,"吾数千年之旧文明"遭遇了质疑、批判、抛弃、破坏等悲惨命运,也得到了坚守、继承、弘扬、复兴等不懈支持,批判与肯定、抛弃与弘扬激烈争锋,传统文化经受了并正在经受着冰与火的冲击。近代以来,关于如何传承和弘扬中华优秀传统文化,代表性的文化态度和方法论有以下几种:

第一,文化保守论。文化保守论的主张古已有之。早在清初,因为历法问题就引起了中外文化之争,当时有人主张:"宁可使中夏无好历法,不可使中夏有西洋人。"③鸦片战争之后,中国在外力的压迫下,一批开明士大夫主张"师夷长技",学习西方先进科技乃

---

① 许嘉璐:《中国文化如何影响世界》,《人民论坛》2016 年 1 月。
② 胡适:《胡适思想录》(9),中国城市出版社 2013 年版,第 64 页。
③ 冯天瑜、何晓明、周积明:《中华文化史》,上海人民出版社 2015 年版,第 586 页。

至思想文化,发起了"洋务运动"。但学习西方的主张随即遭到顽固派的强烈反对和批判。例如,洋务派要推行天文算学教育,当时理学领袖倭仁就反对说:"窃闻立国之道,尚礼义不尚权谋;根本之图在人心,不在技艺。今求之一艺之末而又奉夷人为师,无论夷人诡谲,未必传其精巧,即使教者诚教,所成就者不过术数之士。古今来未闻有恃术数而能起衰振弱者也。"①郭嵩焘出使英法,大学者王闿运写对联讽刺他:"出乎其类,拔乎其萃,不容于尧舜之世。未能事人,焉能事鬼,何必去父母之邦。"②洋务运动代表人物李鸿章批评保守派说:"中国士大夫沉浸于章句小楷之积习,武夫悍卒又多粗蠢而不加细心,以致用非所学,学非所用。无事则斥外国之利器为奇技淫巧,以为不必学,有事则惊外国之利器为变怪神奇,以为不能学。"③在中国近代化历程中,文化保守主义者或许对传统文化是真诚的热爱,但他们的主张的确成为中国前进的一个障碍。

第二,"中体西用"论。随着西方列强的步步紧逼,中国士大夫阶层不得不正视西方文化。于是,在对待传统文化和西方文化的关系问题上,出现了"中体西用"的主张:"夫中西学问,本自互有得失,为华人计,宜以中学为体,西学为用。"④著名的洋务派代表人物张之洞在《劝学篇》中对"中学为体,西学为用"的思想作了解释、论证。虽然这种主张出现在19世纪末,但它是整个19世纪后半期的时代思潮,当时的各派知识分子,差不多都赞成此论或受到它的影响。对于"中体西用"的出现,历史学家陈旭麓指出:"那个时候的

①　蒋廷黻:《中国近代史》,群言出版社2015年版,第57页。
②　蒋廷黻:《中国近代史》,群言出版社2015年版,第58页。
③　蒋廷黻:《中国近代史》,群言出版社2015年版,第49页。
④　张岱年、程宜山:《中国文化精神》,北京大学出版社2015年版,第247页。

中国,天下滔滔,多的是泥古而顽梗的士人,在封建主义充斥的天地里,欲破启锢闭,引入若干资本主义文化,除了'中体西用'还不可能提出另一种更好的宗旨。"①由于这种主张并没有使中国传统文化脱胎换骨,也没有因此抵挡住西方列强的武力和思想入侵,因此从一开始就受到质疑,可以说影响很大、效果不佳。

第三,"全盘西化"论。"中体西用"论在实际上的失败,使一些人对传统文化彻底失去信心,转而主张"全盘西化"论。较早提出这一主张的代表人物是胡适。胡适在 1929 年上海出版的《基督教年鉴》上发表的《今日中国的文化冲突》一文中,就明确提出了"全盘西化"(wholesale westernization)和"充分现代化"(wholehearted modernization)的口号。他针对当时中国面临的文化问题,指出:"数百年来自由选择自由拒绝世界文化的阶段已经过去了,目前是必须要我们在两个中间挑选一个。"②"所以我主张全盘的西化,一心一意地走上世界化的路。"③蒋廷黻也是"全盘西化"论者,他在《中国近代史》中提出了有名的"蒋廷黻之问":"近百年的中华民族根本只有一个问题,那就是:中国人能近代化吗?能赶上西洋人吗?能利用科学和机械吗?能废除我们家族和家乡观念而组织一个近代的民族国家吗?"④解答这个问题,他指出:"半新半旧是不中用的。换句话说:我们到了近代要图生存,非全盘接受西洋文化不可。"⑤借着反思"文化大革命"带来的灾难,20 世纪 80 年代"全盘西化"论再次被叫响,一些学者认为"文化大革命"是传统文化惹的

① 陈旭麓:《近代中国社会的新陈代谢》,中国人民大学出版社 2012 年版,第 114 页。
② 胡适:《还他一个"不过如此":谈国故与文明》,新世界出版社 2013 年版,第 226 页。
③ 胡适:《中国文化的反省》,华东师范大学出版社 2013 年版,第 310 页。
④ 蒋廷黻:《中国近代史》,群言出版社 2015 年版,第 4 页。
⑤ 蒋廷黻:《中国近代史》,群言出版社 2015 年版,第 53 页。

祸,他们主张全方位引进西方文化,包括哲学、政治、经济等学说和制度,用以代替中国现有的一切。

第四,抽象继承法。冯友兰在1957年发表了题为《中国哲学遗产的继承问题》的文章,阐述了他在传统文化继承问题上的方法论观点,提出了全面整体地理解和继承中国优秀传统文化的思维方式。他的观点被概括为"抽象继承法"。他指出:"我主张在研究古代哲学的工作中,要把哲学体系中的主要命题,加以分析,找出它的具体意义与抽象意义。如果有可以继承的价值,它的抽象意义是可以继承的,具体意义是不可继承的。在研究古代哲学的工作中,我们如果注重其中命题的抽象意义,就可见可以继承的比较多。如果只注重其具体意义,那可以继承的就比较少,甚至于同现在'毫无共同之处',简直没有什么可以继承。"①冯友兰认为抽象继承与批判继承并不矛盾:"批判继承说的是继承要有所选择,与我有利的就继承,与我有害的就抛弃。这说的是继承的对象的问题,说的是继承什么的问题。抽象继承说的是怎样继承的问题。批判继承选择了继承的对象以后,就有个怎么样继承的问题,它讲的是继承的方法。"②易中天也主张"抽象继承",他指出对待传统文化不能"全盘继承",不能"具体继承",不能"直接继承",只能"抽象继承"。他认为对待先秦诸子的思想,"我们完全可以把最核心、最带有普遍性的思想,从他们提出这些思想的具体环境和原因中抽离出来,只继承其中的合理部分。这样一种继承,就是'抽象继承'。"③

① 冯友兰:《冯友兰经典文存》,上海大学出版社2004年版,第37—38页。
② 冯友兰:《三松堂自序》,人民出版社1998年版,第271页。
③ 易中天:《先秦诸子百家争鸣》,上海文艺出版社2009年版,第243页。

　　第五,综合创造论。这一著名理论的提出者是张岱年、程宜山,影响较大。早在 20 世纪 30 年代中期,张岱年就发表了一系列论文,对"中国文化向何处去""中国向何处去"等问题进行了探索,提出了"综合创造论"。20 世纪 80 年代后,张岱年对其进行了发展完善,于 1990 年在与程宜山合著出版的《中国文化与文化论争》中明确提出其文化主张是"综合创造论"。他们分析了 16 世纪以来历次文化论争的正误得失,指出:"我们所说的辩证的综合创造是指:抛弃中西对立、体用二原的僵化思维模式,排除盲目的'华夏中心论''欧洲中心论'的干扰,在马克思主义普遍真理的指导下和社会主义原则的基础上,以开放的胸襟、兼容的态度,对古今中外的文化系统的组成要素及结构形式进行科学的分析和审慎的筛选,根据中国社会主义现代化建设的实际需要,发扬民族的主体意识,经过辩证的综合,创造出一种既有民族特色,又充分体现时代精神的高度发达的社会主义新中国文化。"①对于综合创造论,方克立将其概括为"古为今用,洋为中用,批判继承,综合创新"四句话②。

　　第五,文化复古论。什么是"复古"?陈先达指出:"崇拜过去,蔑视现实,言必夏商周,唯经典是从,谓之'复古'。"③文化复古主义主张中国当前出现的问题是因为丢弃了传统,解决当前问题的唯一出路就是回归传统。蒋庆于 2003 年出版《政治儒学》一书,指出:"中国政治文化的重建问题就不再是'全盘西化'的问题,而是现代中国'复古更化'的问题。所谓现代中国的'复古更化',就是

---

① 张岱年、程宜山:《中国文化与文化论争》,中国人民大学出版社 1990 年版,第 390—391 页。
② 方克立:《马魂 中体 西用——中国文化发展的现实道路》,人民出版社 2015 年版,第 17 页。
③ 陈先达:《马克思主义和中国传统文化》,人民出版社 2015 年版,第 84 页。

用儒家的政治智慧和指导原则来转化中国的政治现实,在中国建立起源自天道理性的合法的政治秩序,使中国政治文化的重建建立在中国自己文化传统的基础上。"①康晓光主张在中国实行儒家仁政、建立儒教:"教学内容要改变,把四书五经列为必修课,每升一次官就要考一次,合格的才能上任。公务员考试要加试儒学。要有意识地在儒家学统与政统之间建立制度化的联系,而且是垄断性的联系。"②这种文化复古的论调,无疑是与"全盘西化"一样偏执极端的错误主张。

第六,中马融合论。长期以来,中华优秀传统文化与马克思主义的关系问题是一个争论的焦点。陈先达批评了把马克思主义与中华优秀传统文化对立起来的态度,指出"这种非此即彼、冰炭不同炉的看法,理论上是错误的,实践上是有害的。"③他认为"只有继承中国传统优秀文化,马克思主义才能在中国取得胜利"④。他还指出马克思主义与中国传统文化必须结合,能够结合,"马克思主义与中国传统文化相结合的目的是推进马克思主义中国化,创造当代中国先进文化"⑤。"马克思主义不会也不能取代中国传统文化,而应发挥其特有的世界观和方法论的指导作用,推动中国传统文化与当代社会相适应、与现代文明相协调,既保持民族性又体现时代性。"⑥只有这样,"中国传统文化由于马克思主义的指导而实现符合时代需要的现代性转化,马克思主义由于中国传统文化的

① 蒋庆:《政治儒学:当代儒学的转向、特质与发展》,生活·读书·新知三联书店 2003 年版,第 39—40 页。
② 马立诚:《当代中国八种社会思潮》,社会科学文献出版社 2012 年版,第 191 页。
③ 陈先达:《马克思主义和中国传统文化》,人民出版社 2015 年版,第 3 页。
④ 陈先达:《马克思主义和中国传统文化》,人民出版社 2015 年版,第 9 页。
⑤ 陈先达:《马克思主义和中国传统文化》,人民出版社 2015 年版,第 39 页。
⑥ 陈先达:《马克思主义和中国传统文化》,人民出版社 2015 年版,第 37 页。

滋养而更具中国特色"①。

第七,"马魂、中体、西用"论。在理论渊源上,"马魂、中体、西用"论与20世纪30年代张申府中、西、马"三流合一"思想,以及20世纪80年代张岱年"综合创新论"有直接的思想继承、延伸和发展关系。直接提出"马魂、中体、西用"论的是方克立,他提出了"马学为魂,中学为体,西学为用,三流合一,综合创新"的主张。他解释说:"'马学为魂'即以马克思主义和社会主义的思想体系为指导原则;'中学为体'即以有着数千年历史积淀的自强不息、变化日新、厚德载物、有容乃大的中华民族文化为生命主体、创造主体和接受主体;'西学为用'即以西方文化和其他民族文化中一切积极成果、合理成分为学习、借鉴的对象。"②"马魂、中体、西用"论集各家观点之所长,是目前较有影响的文化主张。

(三)关于中国传统文化的缺点不足

中国传统文化并非完美无缺。近代以来,许多学者对中国传统文化进行了深刻反思,特别是在中西对比中指出了中国传统文化的缺点不足。对传统文化的批判,有的或许显得过激而失之偏颇,但对于我们反思传统文化、传承发展传统文化是有启发意义的。

甲午战争失败之后,严复在《论世变之亟》中指出了中西方文化的区别:"中之人好古而忽今;西之人力今而胜古。中之人以一治一乱、一盛一衰为天行人事之自然,西之人以日进无疆、既盛不

① 陈先达:《马克思主义和中国传统文化》,人民出版社2015年版,第37页。
② 方克立:《马魂 中体 西用——中国文化发展的现实道路》,人民出版社2015年版,第43页。

可复衰、既治不可复乱为学术政化之极则。"①"中国最重三纲,而西人首明平等;中国亲亲,而西人尚贤;中国以孝治天下,而西人以公治天下;中国尊主,而西人隆民;中国贵一道而同风,而西人喜党居而州处;中国多忌讳,而西人众讥评。"②这里实际上指明了中国传统文化的某些不足。

鲁迅作为新文化运动的巨匠,对中国传统文化进行深入的反省,他认为传统文化是一种"吃人"文化:"我翻开历史一查,这历史没有年代,歪歪斜斜的每页上都写着'仁义道德'几个字。我横竖睡不着,仔细看了半夜,才从字缝里看出字来,满本都写着两个字是'吃人'!"③鲁迅还说:"我看中国书时,总觉得就沉静下去,与实人生离开;读外国书——但除了印度——时,往往就与人生接触,想做点事。"因此他提醒中国青年:"我以为要少——或者竟不——看中国书,多看外国书。"④

梁漱溟在其名著《中国文化要义》中指出,中国文化有"五大病":一、幼稚——中国文化实是一成熟了的文化,然而形态间又时或显露幼稚。二、老衰——中国文化本来极富生趣,比任何社会有过之无不及;但无奈历史太久,传到后来,生趣渐薄。三、不落实——西洋文化从身体出发,很合于现实。中国文化有些从心发出来,便不免理想多过事实,有不落实之病。四、落于消极亦再没有前途——与其不落实之病相连者,尚有一病,就是落于消极。五、暧昧而不明爽——以中国文化与其他文化(类如西洋文

---

① 严复:《严复文选》,百花文艺出版社 2006 年版,第 2 页。
② 严复:《严复文选》,百花文艺出版社 2006 年版,第 3 页。
③ 《鲁迅全集》第 1 卷,人民文学出版社 1973 版,第 281 页。
④ 《鲁迅全集》第 3 卷,人民文学出版社 1973 版,第 18 页。

化)——相对照,令人特有"看不清楚""疑莫能明"之惑。①

张岱年、程宜山认为,中国传统文化中有两个最大的缺点:一个是缺乏实证科学,一个是缺乏民主传统。这两大缺点,对于中国传统文化的整体结构和功能有决定性的影响,中国文化在15世纪以后逐渐落后,主要表现即在此。② 除此之外,中国传统文化在价值观念和思维方式方面还有四个严重偏向:第一是重理想而轻效用,第二是重协同而轻竞争,第三是重继承而轻创新,第四是重直觉而轻知解。这些严重偏向,对中国传统文化的健康发展,特别是向近代形态的发展起了重大的阻碍作用。③

周思源在《中国文化史论纲》中指出,没有绝对优秀、不存在任何缺点的文化。他认为中国传统文化有以下几个弱点:将"圣人"绝对化,向后看,重视继承而忽视创新;推崇中庸之道,忽视竞争与突出,缺乏活性因子;不重视个人的权利与作用,缺乏刚性精神;偏重于浓缩性、整体性和感情,缺乏穷究意识与严密的逻辑思维。④

台湾历史学家柏杨在其名作《丑陋的中国人》中对中国传统文化进行了猛烈的批判,认为:"中国传统文化中有一种滤过性病毒,使我们子子孙孙受了感染,到今天都不能治愈。"⑤ "中国人的不能团结,中国人的窝里斗,是中国人的劣根性。这不是中国人的质量不够好,而是中国的文化中,有滤过性的病毒,使我们到时候非显现出来不可,使我们的行为不能自我控制!"⑥ "中国文化的酱缸,酱

① 梁漱溟:《中国文化要义》,上海人民出版社2011年版,第270—273页。
② 张岱年、程宜山:《中国文化精神》,北京大学出版社2015年版,第217—228页。
③ 张岱年、程宜山:《中国文化精神》,北京大学出版社2015年版,第237—238页。
④ 周思源:《中国文化史论纲》,海峡文艺出版社2014年版,第48—51页。
⑤ 柏杨:《丑陋的中国人》,人民文学出版社2008年版,第7页。
⑥ 柏杨:《丑陋的中国人》,人民文学出版社2008年版,第11页。

缸发臭,使中国人变得丑陋。"①

(四)国外学者对传统文化的研究

国外学者对中国传统文化的研究涉及非常广泛,一些著名学者,如费正清、龙夫威、史景迁、顾立雅、李约瑟、顾彬、马悦然等,都在中国传统文化的相关领域取得了重要的学术成就。许多国外学者认为,中华优秀传统文化不仅对于当代中国有重要意义,而且对于世界的和平与发展同样有着重要的意义。这方面较有代表性的观点列举如下:

德国哲学家卡尔·雅斯贝斯在《历史的起源与目标》中指出,公元前800年至公元前200年是人类文明的"轴心期",是人类文明精神的重大突破时期。在轴心时代里,各个文明都出现了伟大的精神导师。"在中国,孔子和老子非常活跃,中国所有的哲学流派,包括墨子、庄子、列子等诸子百家,都出现了。"②"这个时代产生了直至今天仍是我们思考范围的基本范畴,创立了人类仍赖以存活的世界宗教之源端。"③各个文明的精神导师,包括老子和孔子,他们提出的思想原则塑造了不同的文化传统,也一直影响着人类的生活。

英国哲学家罗素在1920年访问中国后写了《中国问题》一书,认为中国传统文化有许多值得西方世界学习地方:"我们要向中国人学习的东西和他们要向我们学习的东西一样多,但我们学习的机会却少得多。"罗素认为,欧洲人的生活方式"要求奋斗、掠夺、无

---

① 柏杨:《丑陋的中国人》,人民文学出版社2008年版,第20页。
② 卡尔·雅斯贝斯:《历史的起源与目标》,魏楚雄、俞新天译,华夏出版社1989年版,第8页。
③ 卡尔·雅斯贝斯:《历史的起源与目标》,魏楚雄、俞新天译,华夏出版社1989年版,第9页。

休止的变化,以及不满足与破坏",这在第一次世界大战中表露无遗。因此,罗素认为:"中国人发现了并且已经实践了数个世纪之久的一种生活方式,如果能够被全世界所接受,则将使全世界得到幸福。"①

美国哲学家威尔·杜兰特在《历史中的英雄》一书中指出:"中国的文明历史悠久,产生了很多政治家、智者、诗人、艺术家、科学家和圣人,他们留下的文化遗产至今仍在丰富着我们的视野,深化着我们的人性。"②他在《历史上最伟大的思想》一书中,列举了人类历史上十位最伟大的思想家,其中孔子名列第一;十位最伟大的诗人,李白名列第五。

英国历史学家汤因比对中华文化有着深入研究,他认为东亚有很多历史遗产,这其中就包括:"第一,中华民族的经验。第二,在漫长的中国历史长河中,中华民族逐步培育起来的世界精神。第三,儒教世界观中存在的人道主义。"③他针对两次世界大战给人类带来的灾难,以及世界发展中出现的问题,指出:"世界统一是避免人类集体自杀之路。在这点上,现在各民族中具有最充分准备的,是两千年来培育了独特思维方法的中华民族。"④

值得一提的是,何兆武、柳御林主编的《中国印象:外国名人论中国文化》一书,辑录了 62 位外国著名学者对中华文化的论述,既有正面赞扬,也有深刻反思,对于我们从旁观者的角度认识中华文

---

① 何兆武、柳御林:《中国印象:外国名人论中国文化》,中国人民大学出版社 2011 年版,第 358 页。
② 威尔·杜兰特:《历史中的英雄》,王琴译,中信出版社 2005 年版,第 8 页。
③ 何兆武、柳御林:《中国印象:外国名人论中国文化》,中国人民大学出版社 2011 年版,第 395 页。
④ 何兆武、柳御林:《中国印象:外国名人论中国文化》,中国人民大学出版社 2011 年版,第 400 页。

化很有益处。另外,红旗出版社出版的《印象中国——43 位外国文化名人谈中国文化》一书,辑录了当今世界 43 位知名学者和各领域要人对中华文化的印象。他们普遍认为,中华文化有着深厚的历史底蕴,随着中国迅速发展以及中国的国际影响力的扩大,中华文化将为人类做出更大贡献。

(五)研究现状简要评析

从上文对国内外研究现状的介绍可以看到,学术界对中华优秀传统文化当代价值的相关研究已经比较深入,成果比较丰硕。下面从正反两方面对这些研究进行简要评析。

第一,值得肯定的研究趋势。其一,研究逐渐趋于理性辩证。近代以来,中西文化猛烈碰撞,引起了学术界对待传统文化的激烈争论。支持者认为,传统文化是民族的根本,应该固本培元,坚守传统文化,以对抗外来文化。反对者认为,传统文化已经十分落后,成为中国走向富强的障碍,必须破除旧思想,引进新思想。改革开放以来,特别是 21 世纪以来,对传统文化的研究虽然也出现过正反两方面的极端论调,但总体上逐渐趋于理性辩证。很多学者既看到了传统文化中存在的与现代文明格格不入的陈旧部分,也看到了传统文化中具有永恒价值的文化元素,能够持一种批判继承的科学态度。其二,研究更多联系社会实际。新中国成立以来,特别是改革开放以来,学者对传统文化的研究集中在传统文化能否服务于社会主义建设、如何服务于社会主义建设上。21 世纪以来,学术界对传统文化当代价值的研究,更加注重联系社会实际,把中华优秀传统文化与实现中国梦、推进国家治理现代化、弘扬社会主义核心价值观、提升国家文化软实力和构建新型国际关系等重大现实问题紧密联系起来。总之,联系社会实际的研究是可贵的,脱离实际的研究不仅在理论上难以成立,在实践上也是有害的。

第二,目前存在的研究不足。中华优秀传统文化当代价值的研究还存在一些不足。其一,对中华优秀传统文化当代价值的评价还不够全面科学。价值是客观评价的结果,不是主观臆断的产物。中华优秀传统文化有没有当代价值、有什么当代价值、有多大当代价值,必须经过科学的价值评价。目前学术界对中华优秀传统文化当代价值主观臆断、模糊判断的成分较多,尚缺乏全面的科学的评价。其二,对中华优秀传统文化当代价值的丰富内涵阐释还不够。虽然,中华优秀传统文化具有丰富的当代价值,但在中华优秀传统文化当代价值的研究中,结合时代特征和时代问题,系统的深入的研究成果还不多。其三,对中华优秀传统文化当代价值的实现方法探索还不够深入。中华优秀传统文化的重要性已经被充分认识到了,但如何在传统文化经历众多曲折坎坷之后使中华优秀传统文化重新深入人心,如何使中华优秀传统文化进入新时代中国特色社会主义治国理政实践,如何使中华优秀传统文化走出中国、走向世界、发扬光大,这些方面我们还没找到特别行之有效的方法。

习近平指出:"要讲清楚每个国家和民族的历史传统、文化积淀、基本国情不同,其发展道路必然有着自己的特色;讲清楚中华文化积淀着中华民族最深沉的精神追求,是中华民族生生不息、发展壮大的丰厚滋养;讲清楚中华优秀传统文化是中华民族的突出优势,是我们最深厚的文化软实力;讲清楚中国特色社会主义植根于中华文化沃土、反映中国人民意愿、适应中国和时代发展进步要求,有着深厚历史渊源和广泛现实基础。"①这四个"讲清楚",理应成为学术界研究的重点和研究的趋势,本书也试图在这方面贡献绵薄之力。

① 习近平:《胸怀大局把握大势着眼大事 努力把宣传思想工作做得更好》,人民日报 2013 年 8 月 21 日第 1 版。

第二章

中华优秀传统文化的基本内容和主要特征

中华优秀传统文化历史悠久、博大精深，一直是中华民族生生不息、发展壮大的丰厚滋养和宝贵财富。研究中华优秀传统文化当代价值，必须对中华优秀传统文化本身有一个清晰认知。一方面，要揭示中华优秀传统文化"是什么"，明确它的基本内容，清楚该传承什么、弘扬什么；另一方面，要揭示中华优秀传统文化"怎么样"，揭示它的主要特征，清楚其有无价值、有何价值以及如何实现价值。

一、基本概念

在揭示中华优秀传统文化基本内容和主要特征之前，首先对"文化""中国传统文化"和"中华优秀传统文化"几个重要概念的内涵、外延和相互关系进行界定和辨析。

(一)文化

"文化"是一个使用极广而又争议极多的概念。据美国学者克鲁伯、克鲁柯亨合著的《文化：关于概念和定义的检讨》一书统计，仅1871年至1951年80年间，学术界关于文化的定义就多达164

种之多①。近几十年来,学术界关于文化的定义又有很多新提法,文化的定义已经成了一个新说纷呈、见仁见智的学术问题。关于文化,从其界定的外延大小看,可分为狭义文化和广义文化。

1.广义文化

所谓广义文化,是把文化的外延确定在比较宽泛的范围内,把人类在社会历史实践中创造的精神财富和物质财富都包含在内,因其外延广泛又称为"大文化"。持广义文化论者,有代表性的是英国功能学派创始人马林诺夫斯基和中国国学大师梁启超、钱穆等。马林诺夫斯基认为:"文化是指那一群传统的器物、货品、技术、思想、习惯及价值而言的,这概念实包容着调节着一切社会科学。"②他认为文化包括物质设备、精神方面之文化、语言、社会组织等几个方面。梁启超认为:"文化者,人类心能所开积出来之有价值的共业也。"③"文化是包含人类物质精神两面的业种业果而言。"④他认为文化既包括物质的文化,如衣食住行及其他工具等;也包括精神的文化,如言语、伦理、政治、学术、美感、宗教等。钱穆认为:"文化即是人生,文化是我们'大群集体人生'一总合体……如政治、经济、军事,如文学、艺术,如宗教、教育与道德等皆是。"⑤这也是一种广义文化。

2.狭义文化

所谓狭义文化,是把文化的外延限定在人类创造的精神财富范围内,又称为"小文化"。中国历史上所说的文化就是一种狭义

---

① 邵汉明:《中国文化研究二十年(修订本)》,人民出版社2006年版,第413页。
② 马林诺夫斯基:《文化论》,中国民间文艺出版社1987年版,第2页。
③ 梁启超:《梁启超论中国文化史》,商务印书馆2012年版,第1页。
④ 梁启超:《梁启超论中国文化史》,商务印书馆2012年版,第7页。
⑤ 钱穆:《中华文化十二讲》,九州出版社2011年版,第71—72页。

文化。西汉刘向《说苑·指武》上说："凡武之兴，为不服也；文化不改，然后加诛。"晋代典籍《补亡诗·由仪》上说："文化内辑，武功外悠。"南朝齐王融《三月三日曲水诗序》上也说："设神理以景俗，敷文化以柔远。"这几处的"文化"，都是文明教化的含义，所指代的主要是中华文化中的精神文明部分。英国文化学家泰勒在《原始文化》中指出："文化，或文明，就其广泛的民族学意义来说，是包括全部的知识、信仰、艺术、道德、法律、风俗以及作为社会成员的人所掌握和接受的任何其他的才能和习惯的复合体。"①泰勒所说的这个文化的"复合体"，是不包括物质层面文化的狭义文化。陈先达坚持"小文化观"，他指出："文化，只有作为观念形态的文化，只有作为精神，才能显示文化的重要性，才能显示文化对于经济、政治的渗透性和反作用。我个人一直坚持着小文化观，认为作为观念形态的文化属于精神领域。"②陈先达虽然坚持"小文化观"，但他同时也承认："大文化观、小文化观从功能来说，各有其用。"③

3.本书采用的文化概念

广义文化与狭义文化的区别，在于其外延涉及范围大小不同。本书采用广义文化的概念，其理由如下：第一，人类物质层面文化的创造与精神层面文化的创造是紧密联系的。人类创造的满足衣食住行等物质需求的财富，必然融入人的智慧、观念、理想、审美等精神层面的内容；人类进行精神层面的创造，形成精神层面的成果，又不能不依赖于物质的载体，不能不受物质层面文化的制约和影响，两者不可分裂。特别是如绘画、雕刻、音乐、舞蹈、建筑、服饰

---

① 泰勒：《原始文化》，上海文艺出版社1992年版，第1页。
② 陈先达：《马克思主义和中国传统文化》，人民出版社2015年版，第59页。
③ 陈先达：《马克思主义和中国传统文化》，人民出版社2015年版，第58页。

等文化形式,都是物质与精神统一,难以割裂开来。第二,从研究领域和实践领域来说,采用广义文化概念为宜。研究中华优秀传统文化当代价值,理应采用广义文化概念,用最宽泛的眼光审视和梳理中华优秀传统文化这一我们民族的宝贵资源,以达到资源的充分发掘、充分利用。反之,如果采用狭义文化概念,仅关注精神层面文化,那么许多中华优秀传统文化的内容,如传统饮食、服饰、建筑等文化形式难免将要排除在外。

(二)中国传统文化

文化是人类创造物质财富和精神财富的静态成果,也是人类不断创造新文化的动态过程。从空间维度看,文化有地域之分;从时间维度看,文化又有新旧之分。对于"中国传统文化"这一概念,"中国"是一种空间的界定,"传统"是一种时间的界定。

1.空间界定

"中国"一词最早出现在西周初年青铜器"何尊"的铭文上:"宅兹中国,自之牧民。"西周初年,人们把河南洛阳视为天下之中,称其为"中国"。《诗经》上说:"民亦劳止,汔可小康。惠此中国,以绥四方。"(《诗经·大雅·民劳》)这里的"中国"也是指周王朝直接统治"王畿"地区。后人使用"中国"一词主要指代黄河两岸的中原地区。在古人眼里,"中国"的显著特点就是文化先进,故称为"中华"。元代王元亮指出:"中华者,中国也。亲被王教,自属中国,衣冠威仪,习俗孝悌,居身礼仪,故谓之中华。"(《唐律名例疏议释义》)古人认为"中国"是有文化的,"四方"是没有文化的。实际上,据考古学发现,中华文化是多元发生的,在中国黄河、长江、珠江等流域都发现了早期文化遗址。在中国漫长的发展过程中,随着生产的不断发展、疆域的不断扩大,各区域文化不断交融,各民族文化不断融合,最终形成了博大精深的中华文化。因此,从空间上说,中国传统文化是中华民族在中国广大区域内所创造的传统文化,并非单指"中原文化"或"汉文化"。

2.时间界定

传统文化虽然指人类在过往历史中创造的文化,但中国传统文化的"传统"又有特定的时间限定。从历史上看,中国传统文化产生之后,经历了先秦诸子争鸣、两汉经学、魏晋玄学、隋唐佛学、宋明理学和清代朴学等比较繁荣的历史阶段。鸦片战争后,西方工业文化作为一种强势文化汹涌而来,中国传统文化遇到了前所未有的生存危机。从此以后,中国传统文化逐渐被一些人质疑、批判,甚至遭到了某些人的抛弃、破坏。西方文化的一些先进思想理念,如民主、科学、马克思主义进入中国,并产生巨大影响,中国文化进入新的发展阶段。因此,以鸦片战争为界,中国文化前后的发展产生了根本的阶段性不同,这之前的中国文化称为"中国传统文化",之后一直到新中国成立的中国文化称为"中国近代文化",新中国成立以来的文化是"中国当代文化"。这种文化阶段的划分,是与中国历史阶段的划分一致的。我们常说的"中华文化",是包括"中国传统文化""中国近代文化"和"中国当代文化"在内的中国文化。

(三)中华优秀传统文化

上文从空间和时间角度对"中国传统文化"进行了界定,可知"中国传统文化"是中华民族在漫长历史过程中创造的文化。从内容上看,"中国传统文化"包含极为博大,既有精华,也有糟粕。我们把"精华"部分称为"中华优秀传统文化",这是本书研究的主要对象,也是我们今天主张传承和弘扬的那部分传统文化。

1."优秀传统文化"的界定

在内容博大的中国传统文化中,何为"优秀传统文化"? 本书以为必须符合以下三个标准。第一,达到一定高度,这是文化标准。"优秀"代表一定高度,"优秀"文化不是"一般"文化,它表明这种文化达到了一定高度。原始人制造的简陋工具、绘制的简单图形、表演的简单舞蹈,由于水平很低,所以很难称它们为"优秀"文化。相反,随着生产力发展,人类制造的金属工具、创制的语言文字、创作的音乐诗歌已经达到了较高程度,就可以称为"优秀"文化。第二,产生进步作用,这是历史标准。"优秀"代表一定价值,"优秀"文化在历史上必然产生进步作用。文化创造是为了服务人类生产生活,但并非所有的文化都能促进人类社会进步。科举制度有利于国家更公平、更科学选拔人才,但八股文却束缚人的思想,耗费人的精力,前者产生了历史进步作用,后者则相反。因此,科举制度在一定历史时期可以说是一种"优秀"文化,八股文则不能算"优秀"文化。第三,于今仍有价值,这是时代标准。"优秀"代表一定品质,因具有这种品质,"优秀"文化不仅在古代产生过进步作用,而且对于今天仍有一定价值。例如,科举制度虽然在一百多年前就已被废除,但它体现的选人用人智慧和公平公正精神,对于今天依然具有很大借鉴价值。

2."优秀传统文化"的地位

"优秀传统文化"是传统文化中的"优秀"部分,这个部分在中国传统文化中占据什么地位,在中国近代文化中占据什么地位,在中国当代文化中占据什么地位,是值得探讨的问题。本书认为:

第一,中华优秀传统文化在中国传统文化中占据主体地位。虽然中国传统文化中也有许多糟粕,但如果进行权衡比较,精华部分远大于糟粕部分，"优秀传统文化"在整个传统文化中占据主体。以争议较多的传统道德为例，其中固然有"三纲"（君为臣纲、父为子纲、夫为妻纲）、"三从"（幼从父、嫁从夫、夫死从子）、"四德"（妇德、妇言、妇容、妇工）等"吃人"的道德，但更多的是仁爱、正义、公正、诚信、孝顺、和善等劝人向善的传统美德，而这方面的道德占据主体。评价传统文化不能"以成败论英雄"，特别不能因为中国传统文化在近代受到西方工业文化冲击，就否定中华优秀传统文化的主体地位。

第二，中华优秀传统文化在中国近代文化中占据支柱地位。鸦片战争后，中国传统文化逐渐受到一些人的质疑和批判，但中华优秀传统文化在中国近代文化中仍占据支柱地位。其一，中华优秀传统文化是中华民族救亡图存的精神支柱。近代以来，在中华民族救亡图存过程中，"天行健，君子以自强不息"的自强精神，"周虽旧邦，其命维新"的求新精神，"天下兴亡，匹夫有责"的爱国精神等优秀民族精神，起到了坚强的精神支柱作用。其二，中华优秀传统文化是中华民族救亡图存的智慧源泉。中国近代文化是在不断吸收西方先进文化的基础上产生的，也是在不断发扬中华优秀传统文化的基础上升华的。孙中山在论述他的"三民主义"思想时说："余之谋中国革命，其所持主义，有因袭吾国固有之思想者，有规抚欧洲之学说事迹者，有吾所独见而创获者。"[①]可见，"三民主义"不全是"舶来品"，而是有很大传统文化成分的。毛泽东思想也是马克思主义与中华优秀传统文化的有机融合，"实事求是"活的灵魂、"矛盾"范畴以及他的军事思想，无不体现着"新鲜活泼的、为

---

① 冯天瑜、何晓明、周积明：《中华文化史》，上海人民出版社 2015 版，第 694 页。

中国老百姓所喜闻乐见的中国作风和中国气派"①。

第三,中华优秀传统文化在中国当代文化中占据源泉地位。新中国成立后,中国文化进入当代文化阶段。中国当代文化并没有,也无法割断与中华优秀传统文化的联系。它是以马克思主义为灵魂,以其他国家优秀文化为借鉴,以中华优秀传统文化为源泉的新文化。党的十九大报告指出:"中国特色社会主义文化,源自中华民族五千多年文明历史所孕育的中华优秀传统文化。"②以社会主义核心价值观为例,其十二个价值范畴,既体现了社会主义的价值原则,又借鉴了人类社会的文明成果,同时也是中国传统价值在当代的升华。中华优秀传统文化是培育和弘扬社会主义核心价值观的源头活水。中国当代文化是根植于中华优秀传统文化沃土中的,离开了这片沃土,当代文化就成了无源之水、无本之木,就失去了生命力和创新力。

二、中华优秀传统文化的基本内容

从系统角度看,一种文化是由若干文化要素组成的具有一定结构和功能的文化系统。组成文化系统的文化要素复杂多样,在系统中具有不同特征和功能。如果以特征和功能的相似性为标准,可以对复杂多样的文化要素进行分类,区分出精神、制度和物质三个层面的文化要素。"物质、制度和精神构成文化的三个层面。"③精神层面文化是以精神形式而存在的文化,代表着人类认识

---

① 《毛泽东选集》第 2 卷,人民出版社 1991 年版,第 534 页。
② 习近平:《决胜全面建成小康社会 夺取新时代中国特色社会主义伟大胜利——在中国共产党第十九次全国代表大会上的报告》,人民出版社 2017 年版,第 41 页。
③ 庞朴:《文化的界说》,《新华文摘》2009 年第 19 期。

世界的精神成果,如世界观、价值观。物质层面文化是以物质形式而存在的文化,代表着人类改造世界的物质成果,如生产工具、生活器具等。制度层面文化介于前两者之间,代表着人类营造社会关系、规范社会行为的制度成果,如政治制度、社会礼仪等。这三个层面的文化要素相互影响、有机结合,共同构成整个文化系统。中华优秀传统文化也是由精神、制度和物质三个层面文化要素构成的文化系统。为了深入研究中华优秀传统文化当代价值,下面分别对这三个层面的文化要素进行简要梳理和阐释。

(一)精神层面文化

精神层面文化代表着人类认识世界的精神成果。中华民族在漫长的社会历史实践中,经过不懈的探索和长期的积累,产生了博大精深的精神成果,为中华民族的发展壮大提供了丰厚的精神滋养。下面择要列举六个方面的精神层面文化成果。

1.民族精神

民族精神是一个民族在长期生存发展过程中积淀形成的精神品质,是一个民族维护团结统一、应对风险挑战的精神支柱。"在五千多年的发展中,中华民族形成了以爱国主义为核心的团结统一、爱好和平、勤劳勇敢、自强不息的伟大民族精神。"[1]爱国主义是中华民族精神的核心,深深植根于民族心理之中,成为中华优秀传统文化的精神基因,至今强烈感染和影响着中华儿女。团结统一精神是中华民族始终能够保持完整统一、不断发展壮大的坚强精神纽带,中国历史上虽时有分裂,但民族团结和国家统一始终是中华民族历史的主流,反对分裂、维护统一的意识根深蒂固。爱好和

---

[1] 《十六大以来重要文献选编》(上),中央文献出版社 2005 年版,第 30 页。

平是中华民族在处理国与国、民族与民族关系时所表现出的一种
高贵精神追求。勤劳勇敢是中华民族的重要精神品质,"业精于
勤""天道酬勤"表现了中华民族勤劳的一面,"见义勇为""英勇不
屈"则表现了中华民族勇敢的一面。自强不息是中华民族不断发
展壮大的精神动力,中华民族生生不息、发展壮大的历史,就是一
部自强不息、开拓创新的辉煌史。伟大的中华民族精神,是中华优
秀传统文化的重要组成部分。

2.治国理念

中国古代治国理政思想可谓博大精深,特别是在先秦诸子百
家的作品中,"治国之道"成为最鲜明的主题。儒家提倡"仁""义"
"礼",提出"民为贵,社稷次之,君为轻"(《孟子·尽心下》)的民本
思想,主张统治者实行"仁政""王道",建立"选贤与能,讲信修睦"
"谋闭而不兴,盗窃乱贼而不作"(《礼记·礼运》)的大同社会。墨
家提出"兴天下之利,除天下之害"(《墨子·兼爱中》),提倡"尚
同""尚贤""兼爱""非攻""节用""非乐"的治国理念。道家提出
"治大国如烹小鲜"(《道德经》第六十章),倡导"无为而治""小国
寡民"的治国理念。法家强调"奉法者强,则国强;奉法者弱,则国
弱"(《韩非子·有度》),提出"法""术""势"的治国理念。另外,
农家、纵横家、阴阳家、名家等流派的思想家都有着独特深刻的"治
国之道"。以"德"治国还是以"法"治国,"无为"而治还是"有为"
而治,以"民"为本还是以"君"为木,"变法"求强还是"守法"求强,
以"农"立国还是以"商"立国,等等,中国古人都有过系统深入的思
考,进行了广泛持久的争鸣,留下了丰厚宝贵的思想财富。诸子百
家的治国理政思想,以及后人在此基础上的反思和发展,是中华民
族的思想智慧宝库。

3.传统美德

中华民族是一个非常崇尚道德的民族,中国古人很早就提出和形成了内容丰富、体系完备的道德规范。以儒家为例,《论语》就提出了仁、礼、孝、悌、忠、恕、恭、宽、信、敏、惠、温、良、俭、让、诚、敬、慈、刚、毅、直、克己、中庸等一系列德目。汉代以后又形成了影响深远的"三纲"(君为臣纲、父为子纲、夫为妻纲)和"五常"(仁、义、礼、智、信)。客观地说,这些道德规范中,不乏封建毒素和糟粕,但主流是中华民族的传统美德。中华传统美德内涵丰富,"亲亲而仁民,仁民而爱物"的仁爱精神,"富贵不能淫,贫贱不能移,威武不能屈"的高贵人格,"天下兴亡,匹夫有责"的爱国情怀,"君子坦荡荡"的个人修养,"己所不欲,勿施于人"的处事原则,都是中华传统美德的生动写照。有学者将中华传统美德概括为十项:仁爱孝悌、谦和好礼、诚信知报、精忠爱国、克己奉公、修己慎独、见利思义、勤俭廉正、笃实宽厚、勇毅力行①。中华传统美德涵盖了个人在家庭、社会和国家为人处世、安身立业的道德准则,是中华民族赖以生存和发展的重要道德保障。

4.文学艺术

在中华优秀传统文化中,文学艺术作品数量大、水平高,是中华民族足以为傲的民族宝藏。在文学方面,中国古代文学取得了巨大成就。王国维说:"凡一代有一代之文学:楚之骚,汉之赋,六代之骈文,唐之诗、宋之词、元之曲,皆所谓一代之文学也,而后世莫能继焉者也。"②诚如斯言,至今流传下来的诗经、楚辞、汉赋、唐诗、宋词、元曲、明清小说等众多文学精品,在思想性和艺术性上都

---

① 张岱年、方克立:《中国文化概论》(修订版),北京师范大学出版社 2004 版,第212—218 页。
② 王国维:《宋元戏曲史·序》,中华书局 2010 年版,第 1 页。

达到了世界顶级水平。屈原、陶渊明、李白、杜甫、白居易、苏轼等人的古典诗词,《红楼梦》《三国演义》《水浒传》《西游记》《儒林外史》《聊斋志异》等古典小说,不仅影响了中国,而且影响了世界。另外,《孟子》《庄子》《韩非子》《吕氏春秋》等先秦诸子作品,《左传》《史记》《汉书》《资治通鉴》等历史作品,也都具有很高的文学价值。在艺术方面,从原始彩陶、青铜纹饰到明清时期的书法绘画,中国在建筑、雕刻、书法、绘画、音乐、戏剧等方面都取得了辉煌的艺术成就。如王羲之、颜真卿、柳公权、张旭、苏轼、黄庭坚、董其昌等的书法,阎立本、王维、黄公望、倪瓒、文征明、唐寅等的画作,关汉卿、王实甫、马致远、白朴、汤显祖等的戏剧,代表了中国古代艺术达到的高超境界。

5.历史经验

中国自古以来注重历史记载。国学大师钱穆认为:“中国为世界上历史最完备之国家。”[1]他指出,中国历史有三个特点:一是“悠久”,从黄帝传说到今天有近 5000 年的历史;二是“无间断”,特别是有文字记载以来中间没有历史记载的空白;三是“详密”,史书题材非常多。比如,纪传体正史有二十五种,称为“二十五史”;编年史有《春秋》《左传》《资治通鉴》等;纪事本末体史书有《通鉴纪事本末》《圣武记》等;别史有《通志》《续通志》等;政书有《通典》《文献通考》等;学术史有《明儒学案》《清代学术概论》等;杂史有《国语》《战国策》等;史评有《史通》《文史通义》等。这些历史典籍详细记录了中华民族自强不息、发展壮大的历史进程,既包括升平之世社会发展进步的成功经验,也包括衰乱之世社会动荡的深刻教

---

① 钱穆:《国史大纲》,商务印书馆 1996 年版,第 1 页。

训。中国历史上，"文景之治""贞观之治""开元盛世""康乾盛世"等时代社会稳定、经济发展、文化繁荣的成功经验，秦隋二世而亡、汉唐盛极而衰、魏晋南北朝分裂动荡、两宋文武失衡、明清闭关锁国的深刻教训，都详细记录在各种史书中。另外，中国古代在制度建设、经济发展、变法改革、反腐倡廉、选人用人、修身立德、民族融合、对外交往、国防建设、军事斗争等方面，都积累了极为丰富的历史经验教训。

6.思维方式

思维方式是人们观察世界、认识世界的角度、方式和方法，思维方式的差异是造成文化差异的重要原因。与其他民族相比，中华民族有着独特的思维方式。中国传统的思维方式，一是重整体。庄子说："泛爱万物，天地一体也。"（《庄子·天下》）明代王守仁说："天地万物为一体。"清代陈澹然也说："不谋万世者，不足谋一时；不谋全局者，不足谋一域。"（《寤言二·迁都建藩议》）中国古人注重从整体上观察事物，认为小到个人、大到天地万物都是有机联系的整体。二是讲辩证。中国古人认为万事万物都体现着对立统一，只有辩证把握这些对立统一，不走极端，才能保持平衡、达到和谐。老子主张："有无相生，难易相成，长短相形，高下相倾，音声相和，前后相随。"（《道德经》第二章）孔子主张："欲速则不达""过犹不及"。《左传》也提出："宽以济猛，猛以济宽，政是以和。"（《左传·昭公二十年》）这些都体现了讲辩证的思维方式。三是尚体悟。孔子说："不愤不启，不悱不发，举一隅不以三隅反，则不复也。"（《论语·述而》）庄子说："蹄者所以在兔，得兔而忘蹄。言者所以在意，得意而忘言。"（《庄子·外物》）禅宗也强调"悟"，六祖慧能就认为："若识自性，一悟即至佛地。"（《坛经》）理学大师朱熹说:"至于用力之久,而一旦豁然贯通焉,则众物之表里精粗无不到,而吾心之全体大用无不明矣。此谓物格,此谓知之至也。"(朱熹《大学章句》)这些论述都可看出中国古人对体悟的崇尚。

(二)制度层面文化

制度层面文化代表着人类营造社会关系、规范社会行为的制度成果。中华文明历史悠久,传统文化经历了原始社会、奴隶社会和封建社会三种社会形态,在不同的历史时期产生了不同的制度文化,为形成有序的社会关系、良好的社会风尚提供了制度保障。下面择要列举三个方面的制度层面文化成果。

1.政治制度

政治制度是特定社会统治阶级通过组织政权以实现其政治统治的原则和方式。中国古代在国家管理体制、政府机构设置、政策实行措施等方面都探索形成了一些具有民族特色的政治制度,涉及行政、司法、监察、选官、教育、财政等国家治理的各个方面。比如中国古代的选官制度,秦朝以前主要采用"世卿世禄"制度,后来逐步引入军功爵制。汉代采用察举制与征辟制,在选拔官吏的科学性、合理性上有所进步。魏晋南北朝实行九品中正制,一度造成"上品无寒门,下品无势族"(《晋书·刘毅传》)的现象,严重阻碍了人才的科学选拔。隋唐开始实行科举制度,通过考试选拔官吏。科举制度在明清时期走入歧途,产生很多弊端而备受诟病,但它相较以前的选官制度更加公平公正,打破了阶级壁垒,为国家选拔了大量品学兼优的人才,促进了社会进步。再比如监察制度,据《周礼》记载,中国早在周代便设有治贪促廉的监察官,秦汉以来历朝历代都设有相应的监察机构,形成了较为完备的监察制度,一定程度上减少了贪腐行为,促进了政治清明。科举制度和监察制度等传统政治制度,虽然是阶级社会实行政治统治的工具,但它们的产生和实行一定程度上促进了社会发展,即使对于今天的制度建设依然具有积极的借鉴意义。

2.社会礼仪

中国素有"文明古国""礼仪之邦"的美誉。孔子说:"不学礼,无以立。"(《论语·尧曰》)《左传》上说:"夫礼,天之经也,地之义也,民之行也。"(《左传·昭公二十五年》)《资治通鉴》上说:"夫礼,辨贵贱,序亲疏,裁群物,制庶事。非名不著,非器不形。名以命之,器以别之,然后上下粲然有伦,此礼之大经也。"(《资治通鉴·周纪一》)可见中国古人对"礼仪"的重视程度。中国上古时期有"礼仪三百,威仪三千"(《礼记·中庸》),周代"礼仪"更加受到重视,形成了内容丰富的礼仪文化,成为人们家庭生活、社会交往乃至政治活动中言行举止的准则规范,发挥着极为重要的作用。儒家经典《仪礼》《礼记》《周礼》,称为"三礼",三者记录保存了许多周代的礼仪,是中国古代礼仪制度的蓝本和百科全书,对后世影响极大。在具体礼仪方面,中国古代有"五礼"之说,以祭祀之事为吉礼、丧葬之事为凶礼、军旅之事为军礼、宾客之事为宾礼、冠婚之事为嘉礼,基本规范了社会活动的方方面面,成为中国古代礼仪的基本架构。在中国古代,礼仪是从西周封建宗法制度中演化出来的,是维护尊卑等级制度的一种工具。到了近代,它的社会危害性日益明显,成为新文化运动猛烈批判的对象,传统礼仪也逐渐被现代礼仪所取代。但传统礼仪表现了中国古代社会礼贤下士、尊老爱幼、谦逊文雅的社会风尚,体现出的人际和睦、社会和谐的价值追求,依然具有当代价值。

3.民俗节日

民俗节日是民族文化的重要组成部分,是民族的一种生存生活方式,也是一个民族的重要文化标识。中国历史悠久、民族众多、疆域辽阔,既形成了中华民族共有的民俗节日,也形成了具有少数民族特色的民俗节日;既形成了全国性的民俗节日,也形成地方性的民俗节日。它们共同构成了我国千姿百态、丰富多彩的民俗节日文化。我国在长期的历史发展中,形成了以春节、元宵、清明、端午、七夕、中秋、重阳等为代表的传统节日,每个节日都代表了各具特色的传统风俗。描写春节的诗歌《元日》写道:"爆竹声中一岁除,春风送暖入屠苏。千门万户曈曈日,总把新桃换旧符。"描写重阳节的诗歌《九月九日忆山东兄弟》写道:"独在异乡为异客,每逢佳节倍思亲。遥知兄弟登高处,遍插茱萸少一人。"这些著名诗歌生动形象地反映了中国传统节日的独特风俗和独特魅力。除了上述影响范围较大的民俗节日外,我国一些少数民族也有着自己民族独特的节日,如彝族的火把节、藏族的燃灯节、高山族的丰收节、苗族的开秧节、壮族的牛魂节、傣族的泼水节、蒙古族的白节,等等。随着全球化的推进和各国文化交流的深入,传统民俗节日文化受到一定冲击,但其依然有着顽强的生命力和强大的影响力。

(三)物质层面文化

物质层面文化代表着人类改造世界的物质成果。这方面的文化带有较强的生活目的性,主要是为满足人的生产生活需要而创造的物质文化。中国古代物质层面文化内容十分丰富,有学者将其分为十一类:农业与膳食,酒、茶、糖、烟,纺织与服装,建筑与家具,交通工具,冶金,玉器、漆器、瓷器,文具、印刷,乐器,武备,科学技术。[①] 下面择要列举三个方面的物质层面文化成果。

1.历史文物

中华民族历史悠久,遗留下来的历史文物众多,它们是我们祖先辛勤劳动和聪明才智的结晶,是历史的见证、文化的范本,具有重要的历史、艺术和科学价值。我国古代流传下来文物数量巨大、种类繁多,通常被分为两类:一类是不可移动文物,如古遗址、古建筑、古墓葬、石窟寺等,这其中的一些重要古迹,已经被联合国教科文组织确定为世界文化遗产。截至2017年,中国世界遗产数达52处,其中文化遗产36处,文化与自然双重遗产4处,数量位居世界前列,包括长城、故宫、颐和园、敦煌莫高窟、秦始皇陵及兵马俑坑、布达拉宫、龙门石窟、云冈石窟、丽江古城、丝绸之路、中国大运河,等等。另一类是可移动文物,如历代的石器、玉器、陶器、瓷器、金属器、石刻、玺印、书画、文献、拓片、笔墨纸砚等,这一类文物的数量更为巨大,诸如司母戊铜鼎、曾侯乙编钟、四羊方尊、马踏飞燕、越王勾践剑、富春山居图、清明上河图等,堪称"国宝"。近代以来,中国历史文物多灾多难,被掠夺、毁坏乃至遗失的不可胜数,造成我们民族文化的巨大损失。

2.传统饮食

民以食为天,中华民族从用火烹制食物开始,就逐渐形成了丰富多彩的饮食文化。据学术界研究,中国古代的饮食文化产生于夏商,形成于周代。《礼记·内则》就记载了周代食物制作的多种方法,包括煎、熬、炸、炖、炙、熏烤等多种形式,显示了当时的饮食文化已经达到了较高水平。随着生产力发展和民族的融合,秦汉、

---

① 孙机:《中国古代物质文化》,中华书局2014年版,第1页。

魏晋南北朝、唐、宋等时代饮食文化逐渐发展繁荣,到了明清达到鼎盛。据明清时期《宋氏养生部》《易牙遗意》《饮食辨录》《调鼎集》《随园食单》等饮食文化专著记载,明清时期的饮食种类繁多、做法精致、技术高超,达到了令人叹为观止的地步。明清以来,传统饮食有八大菜系之说,其色、香、味、型各有特色,是中华传统饮食文化的优秀代表。在传统饮食文化中,茶文化和酒文化历史悠久、地位独特。茶和酒既是饮品,同时又远远超出了饮品的范畴,与人的精神生活、社会生活和政治生活发生重要联系。特别是经文人雅士吟咏歌颂、提炼升华,茶和酒与传统文学艺术一样,具有了艺术的气质,成为中华优秀传统文化中别具特色的文化种类。近年来,《舌尖上的中国》系列纪录片产生巨大反响,使人们充分认识到了传统饮食的博大精深和巨大魅力。

3.传统服饰

服饰是最直观地反映民族特征的文化形式。孔子说:"微管仲,吾其被发左衽矣。"(《论语·宪问》)孔子把民族服饰的不同视为民族文化的不同,进而视为民族的不同。中国古代服饰文化有两大特点:一是历史悠久,变动不居。中国早在旧石器时代就产生了服饰文化,随着社会的进步而不断发展。在二十五史中,有十部正史编有《舆服志》一章,详细记载了历代车旗服饰制度,充分呈现了古代服饰的多姿多彩,是研究中国古代服饰的重要资料。另外在《西京杂记》《拾遗记》《酉阳杂俎》《炙毂子》《事物纪原》《清异录》等书中,也有许多关于中国古代服饰的记录。20世纪,著名作家沈从文著有《中国古代服饰研究》一书,研究了从旧石器时代到清末的古代服饰,并配有图像700幅,从中可以看到中国古代服饰的总体风貌。二是多姿多彩,富有特色。中国是一个统一多民族大国,因地域、气候和习俗的不同,服饰文化多姿多彩。但与世界其他民族的服饰相比,中华民族的服饰总体风格与民族气质、审美品格一致,表现出含蓄雅致、美观大方、内涵丰富的特点。虽然今天中国人的服饰文化已经发生了翻天覆地的变化,但以汉服、唐装、旗袍等代表的传统服饰文化是一个巨大的文化宝藏,仍有着永恒的魅力。

中华优秀传统文化的内容是极为丰富的,上面仅列举一些主要方面。除此之外,中国古代在语言文字、科学技术、中医中药、教育教学等方面都取得了巨大成就,都是中华优秀传统文化的重要组成部分。由于篇幅所限,不能一一列举。

三、中华优秀传统文化的主要特征

由于所处地理条件、经济土壤和政治环境等历史条件不同,不同民族创造出了不同文化。考察中华优秀传统文化的发展历程,透视中华优秀传统文化的内部构成,进行文化上的古今对比和中外对比,我们会发现中华优秀传统文化具有与其他文化不同的一些特征。这些特征既决定了它历史上的形态和命运,也关系着它在当代能否实现价值、实现什么价值以及怎样实现价值的重要问题。

(一)系统性

系统是由若干要素组成的具有一定结构和功能的有机整体。从系统的观点看,世界万物无不是由若干要素组成的一个系统,无不是组成其他系统的一个要素。不同种类的文化都是一个独特的文化系统,表现出独特的系统性。中华优秀传统文化作为一个文化系统,也表现出自己的系统性特点。

第一，文化要素完备。国学大师钱穆认为，一种文化必定由七个要素构成，称为"文化七要素"，并指出："古今中外各地区、各民族一切文化内容，将逃不出这七个要素之配合。"①这七个要素是："一、经济。二、政治。三、科学。四、宗教。五、道德。六、文学。七、艺术。"②正是这七个文化要素有机组合构成了一个完整的文化系统。以这个标准评价，中国自从有文字记载以来，中华优秀传统文化的这七个要素都已具备。在这七个要素中，中国古代尤其在政治、道德、文学、艺术等方面水平极高、成就极大，从而大幅提升了整个文化系统的品质。

第二，文化结构稳定。中华优秀传统文化这一文化系统，由比较完备而优良的文化要素有机构成，其系统结构从一开始就表现出较强的稳定性。第一，系统中起决定作用的经济土壤比较稳定。从"新石器时期"开始，中国就进入了农耕时代，虽经以后各代生产力不断发展，但这种以农耕经济为主的生产方式直到近代才开始逐步瓦解。第二，系统中起主导作用的思想比较稳定。先秦时期，儒家是周代封建宗法制度、礼乐文化的提倡者和支持者，成为首屈一指思想流派。汉朝武帝年间实行"罢黜百家，独尊儒术"政策，儒家思想开始成为中国的主导思想，这一地位直到近代才受到较大冲击。第三，系统中起关键作用的政治制度比较稳定。晚清谭嗣同说："二千年来之政，秦政也。"③毛泽东也说过："百代都行秦政法。"④封建帝制从秦代开始到废除实行了两千多年，而宗法制度从

① 钱穆：《文化学大义》，九州出版社2012年版，第33页。
② 钱穆：《文化学大义》，九州出版社2012年版，第34页。
③ 谭嗣同：《仁学》，中州古籍出版社1998年版，第169页。
④ 《建国以来毛泽东文稿》第13册，中央文献出版社1998年版，第361页。

西周开始一直影响到近代。

第三，文化功能强大。恩格斯说："许多人协作，许多力量结合为一个总的力量，用马克思的话来说，就造成'新的力量'，这种力量和它的一个个力量的总和有本质的差别。"①中华优秀传统文化作为一个文化系统，其整体功能不是各种文化要素功能的简单相加，而是产生了巨大的"整体效应"。在中华民族的发展壮大过程中，中华优秀传统文化是增强中华儿女民族身份认同的文化标识，是抵抗外敌入侵的精神支柱，是维护民族团结统一的坚强纽带，是推进国家治理的思想源泉，是促进社会稳定有序的道德基础，是滋润人民心灵世界的精神食粮。这种强大的文化功能，直到今天还在发挥着不可替代的作用。

(二)连续性

中华优秀传统文化作为一个文化系统，呈现出连续性的特征。文化史家柳诒徵说："实则吾民族创造之文化，富于弹性，自古迄今，缊缊相属，虽间有盛衰之判，固未尝有中绝之时。"②文化系统的连续性并非普遍现象，柳诒徵指出："世界开化最早之国，曰巴比伦，曰埃及，曰印度，曰中国。比而观之，中国独寿。"③实际上，人类历史上曾出现的古老优秀文明最终整体中断的，除了古巴比伦文明、古埃及文明、古印度文明外，还有玛雅文明、提奥提华坎文明、印加文明、阿兹特克文明等，古希腊罗马文明在欧洲中世纪曾一度湮灭无闻，直到文艺复兴才又重现辉煌。与这些中断的古文明比起来，中华文明表现出来的连续性确乎非常独特。

---

① 《马克思恩格斯选集》第3卷，人民出版社2012年版，第505页。
② 柳诒徵:《中国文化史》，中华书局2015版，第2页。
③ 柳诒徵:《中国文化史》，中华书局2015版，第7页。

第一，源远流长，记录详细。考古学发现表明，中华文化早在距今数万年前的旧石器时代就出现了萌芽，到距今五六千年的新石器时代就已先后出现了仰韶文化、大汶口文化、红山文化、良渚文化等文化类型，可以说是世界上产生最早的文化之一。文字的发明是文化史的标志性事件。马克思认为，人类社会是"由于文字的发明及其应用于文献记录而过渡到文明时代"①。在我国，很早就有"仓颉造字"的传说，而中国已知最早的成熟文字是甲骨文。自从中国文字产生之后，我们民族的历史就有了文献记载，民族的文化就被生动详细地记录在各种文献之中，它们与流传下来的各种文物共同见证了中华文化源远流长、绵延不绝的历史。

第二，历经曲折，坚韧顽强。中华文化源远流长、绵延不绝的历史并非总是高歌猛进、一帆风顺的，而是经历过许多曲折，甚至一度有中断的危险。第一种危险是来自内部的文化劫难。秦汉之际，中华文化经历了一场大的劫难。先是秦朝政府"焚书坑儒"，"及至秦之季世，焚诗书，坑术士，六艺从此缺焉"（《史记·儒林列传》）；其后秦末汉初连年战争，造成了大量文献资料、建筑、器物等的毁灭。秦汉之后的历次国内战争，无不造成文化上的劫难。第二种危险来自少数民族入侵。西晋之后的五胡乱华，宋朝之后的元军南下，明朝之后的清军入关，由于他们来自文化较为落后的北方草原，入主中原之后对中华文化产生了不可避免的重大冲击。近代以来，西方先进的工业文化侵入中国，对中国自身落后的农耕文化产生巨大冲击，使中华文化再一次遭到了中断的危险。虽然经历了很多曲折，但由于中华儿女的坚强守护和中华文化的坚韧

---

① 《马克思恩格斯选集》第 4 卷，人民出版社 1972 年版，第 21 页。

品质,中华文化最终总能化险为夷、渡过难关。

第三,不断发展,高峰迭出。"江山代有才人出,各领风骚数百年。"中华文化的连续不是僵化平庸的连续,而是在漫长的历史中不断发展,高峰迭出。以儒学为例,中国古代儒学由先秦孔子、孟子创立之后,虽遭秦朝的打击和汉初的冷落,其后就进入了不断发展、高峰迭出的历程,先后出现了两汉经学、宋明理学、清代朴学等发展高峰。再以文学为例,从《诗经》《楚辞》开始,中国古代文学不断发展进步、开拓创新,创造出了汉赋、六朝骈文、唐诗、宋词、元曲、明清小说等一系列文学高峰,出现了屈原、司马迁、李白、杜甫、韩愈、苏轼、曹雪芹等一批又一批伟大文学家。这种不断发展、高峰迭出的连续性,表现出中华文化巨大的生命活力。

(三)包容性

中华优秀传统文化能够发展不断、连绵不绝,表现出巨大生命力和创造力,与其内在的包容性密不可分。"和实生物,同则不继。"(《国语·郑语》)文化上的包容性,催生文化的生命力和创新力。中华文化的包容性,使中华文化能够在很长时间内不断发展而又高峰迭出,在世界文明体系中处于领先地位。

第一,对内的包容性。考古学发现,中国境内很多地方都有早期文化遗迹,这说明中华文化是多元发生的,是在融合多种不同文化的基础上形成的,中华文化从一开始就具有很强的包容性。先秦时期,中国出现了诸子百家争鸣的生动局面,儒、墨、道、法、名、阴阳、杂、农、兵等思想流派竞相争鸣,产生了如孔子、孟子、老子、庄子、韩非子、荀子等一批思想文化巨人。先秦诸子百家的思想争鸣,为中华文化的包容发展打下了坚实基础。汉代以来,虽然推行"罢黜百家、独尊儒术"政策,但道家、法家、阴阳家,乃至佛学思想并未受到绝对"罢黜",而是继续产生深远影响,甚至产生了儒、释、道深度融合的情况。与思想上的包容性一样,中华文化在艺术上也表现出极大包容性。以文学为例,《诗经》开启了文学的现实主义,《楚辞》开启了文学的浪漫主义,这两种风格在文学史上相互激荡,碰撞出无数耀眼的火花。没有这种艺术风格的包容性,就难以出现如李白、杜甫、白居易、苏轼、曹雪芹等风格各异的文学巨匠。

第二,对外的包容性。自古以来,中华文化对外来文化都有一种兼容并蓄的包容精神。对外的包容性首先表现在对周边少数民族文化的吸纳融合上。梁启超说:"华夏民族,非一族所成。太古以来,诸族错居,接触交通,各去小异而大同,渐化合以成一族之形,后世所谓诸夏是也。"①中华民族的疆域由小而大、人数由少而多,这个过程就是中原"诸夏"在文化上不断融合吸纳周边"蛮夷"文化,化"外"为"内"的过程。这种情况最典型的是东晋和南北朝时期的文化融合。西晋末年,北方少数民族大举入主中原,胡汉文化激荡融合,中原汉文化包容吸纳了来自北方草原的胡文化。"野蛮但充满生气的北族精神,给高雅温文却因束缚于严格传统而冷淡僵化的中国文化带来了新鲜的空气。"②魏晋南北朝时期对外来文化的吸纳融合,为璀璨繁荣的盛唐文化打下基础。对外的包容性还表现在中华文化对佛学的吸纳创新上。中华文化历史上吸纳过许多外来宗教,而对佛学的吸纳创新最为成功。东汉明帝时期佛学开始传入中国,其后在中华大地上开花结果,甚至出现"南朝四百八十寺,多少楼台烟雨中"(杜牧《江南春》)的盛况。佛学的融入,对中国的语言、哲学、文学、建筑、艺术等文化样式产生了深

---

① 转引自冯天瑜、何晓明、周积明:《中华文化史》,上海人民出版社2015年版,第297页。
② 冯天瑜、何晓明、周积明:《中华文化史》,上海人民出版社2015年版,第370页。

刻影响。

(四)民族性

文化是民族的主要标识,不同民族拥有不同文化。张岱年认为:"文化的民族差异可以从人与自然的关系、民族关系、家庭关系、宗教关系等方面来分析。"[1]本书认为,中华优秀传统文化在处理人与神关系、人与自然关系、人与人关系和民族与民族关系等方面,表现出下面几个显著特点:

第一,尊人远神。中国在远古时期也产生过原始宗教和鬼神崇拜。殷商时期,"殷人尊神,率民以事神,先鬼而后礼。"(《礼记·表记》)西周代殷,其创立者吸取殷商灭亡教训,由尊"神"转为尊"人"。《左传》上说:"国将兴,听于民;将亡,听于神。"(《左传·庄公三十二年》)孔子也说:"务民之义,敬鬼神而远之,可谓知矣。"(《论语·雍也》)都明确表现出重人轻神的态度。敬鬼神而远之,尊人民而近之,是西周之后的主流思想。虽然魏晋之后道教、佛教兴盛,但儒家思想一直是主流意识形态,中国始终没有出现全民性的宗教。中华优秀传统文化与世界上其他文化,特别是基督教文化和伊斯兰文化相比,这种尊人远神确实是一个突出的区别。

第二,崇尚自然。在处理人与自然关系问题上,"中国文化比较重视人与自然的和谐,而西方文化则强调征服自然、战胜自然。"[2]这种崇尚自然,首先表现为热爱自然。孔子说:"知者乐水,仁者乐山。"(《论语·雍也》)陶渊明说:"少无适俗韵,性本爱丘山。"(《归园田居》)李白说:"五岳寻仙不辞远,一生好入名山游。"(《庐山谣寄卢侍御虚舟》)都表现出对自然的热爱。崇尚自然,还

---

① 张岱年、程宜山:《中华文化精神》,北京大学出版社 2015 年版,第 40 页。
② 张岱年、程宜山:《中华文化精神》,北京大学出版社 2015 年版,第 40 页。

表现为保护自然。孟子说:"不违农时,谷不可胜食也;数罟不入洿池,鱼鳖不可胜食也;斧斤以时入山林,材木不可胜用也。"(《孟子·梁惠王上》)荀子也说:"草木荣华滋硕之时,则斧斤不入山林,不夭其生,不绝其长也。"(《荀子·王制》)为了保护自然,中国古代甚至还设立了专门保护自然的官员,即所谓"薮之薪蒸,虞候守之"(《左传·昭公二十年》)。

第三,注重道义。在处理人与人的关系上,中华优秀传统文化表现出注重道义的特点。中国人常说"见义勇为""仗义执言""义不容辞""舍生取义"等,都表现出对道义的重视。注重道义,首先是在与"利"的对比中做出的选择。"天下熙熙,皆为利来;天下攘攘,皆为利往。"(《史记·货殖列传》)但取利要有道,所以孔子说:"不义而富且贵,于我如浮云。"(《论语·述而》)清代颜元批评"义"与"利"的分裂,主张"正其谊以谋其利,明其道而计其功"(《四书正误》卷一),但也是把道义放在很重要的位置。注重道义,还是在与"力"的对比中做出的选择。孟子说:"以力服人者,非心服也,力不赡也;以德服人者,中心悦而诚服也。"(《孟子·公孙丑上》)所以他赞赏"居仁由义"而能"威武不能屈"的大丈夫。当然,中华优秀传统文化也不反对使用"力",但也要师出有名、道义为先。

第四,追求和谐。"礼之用,和为贵。"(《论语·学而》)中华民族自古以来是一个爱好和平的民族,追求"百姓昭明,协和万邦"(《尚书·尧典》)的理想。"和"可以说是中华民族在处理民族与民族、国与国关系时的一种高尚的追求。春秋战国时期,各诸侯国"争地以战,杀人盈野;争城以战,杀人盈城"(《孟子·离娄上》),给国家和百姓造成深重灾难,因此许多思想家极力反对战争、呼吁和平。儒家提倡"远人不服,则修文德以来之"(《论语·季氏》)。墨家主张"非攻",反对一切侵略战争。道家不崇尚武力,老子说:"夫兵者,不祥之器,物或恶之,故有道者不处。"(《道德经》第三十一章)这种追求民族间、国家间和谐的思想,也充分体现在了实际中。汉唐通过"和亲"加强与邻邦的友好关系,明代郑和七下西洋对沿途国家秋毫无犯,就是这种思想的生动反映。

(五)时代性

文化不仅有中外之别,而且有古今之别。毛泽东指出:"一定的文化(当作观念形态的文化)是一定社会的政治和经济的反映,又给予伟大影响和作用于一定社会的政治和经济。"[①]不同的文化产生于不同的时代,因而表现出不同的时代性。中华优秀传统文化产生、形成、繁荣、发展于中国古代,从经济土壤上说,主要是一种农耕文化;从政治环境上说,主要是一种封建文化。

第一,农耕文化。黄河、长江流域优越的自然地理条件,孕育了中华民族以农耕经济为主、游牧经济为辅的经济形态,中华文化可以说是一种典型的农耕文化。相比而言,西方文化主要是一种海洋商业文化。长期的农业生产,使中华文化具备一些有别于海洋商业文明的特征。一是重农轻商。先秦诸子乃至后来的诸多思想家,包括孟子、韩非子、贾谊、晁错、范仲淹等在内,都有重农轻商的治国理念。士、农、工、商四个阶层,"农"在"商"之前,更受人们尊重。秦汉以来,历朝历代几乎都出台了重农轻商的国家政策。二是勤俭务实。农业生产只有勤劳才能收获,因为艰辛所以节俭。"锄禾日当午,汗滴禾下土。谁知盘中餐,粒粒皆辛苦。"(李绅《悯

---

① 《毛泽东选集》第2卷,人民出版社1991年版,第663—664页。

农》)这一千古传诵的诗篇,生动而深刻地反映了农业生产中的艰辛不易,以及对勤劳节俭的赞扬。三是安土重迁。人们的衣食住行都寄托在土地上,自然而然地产生安土重迁的倾向。《汉书》上说:"安土重迁,黎民之性。"(《汉书·元帝纪》)实际上,只有农耕文化下的民族才安土重迁,海洋商业文化下的民族则易于、乐于迁徙。上述农耕文化的几个特征,既是一种优点,同时也带来一些弊端。重农轻商,造成中国经济长期局限于农业经济,阻碍了工商业的发展;勤俭务实,造成中国古代对科学研究的轻视,习惯把一切不助于农业生产的科学技术视为"奇技淫巧";安土重迁,不利于人口流动,造成了一定程度上的经济封闭和思想僵化。

第二,封建文化。历史学家翦伯赞认为,从西周开始,"中国的历史就进入了封建社会的初级阶段,出现了封建领主制的国家。"①从时间上看,中华文化虽发源很早,但其发展和繁荣期无疑处于西周之后的封建社会,属于封建社会的意识形态,并服务于封建领主或地主阶级的统治。中国古代封建政治有两大特征,一是宗法主义,二是专制主义。西周初年,统治者建立了以血亲关系为基础的宗法制度,成为之后几千年中国政治、社会伦理的基础。中国古代"君为臣纲、父为子纲、夫为妻纲"的"三纲"思想,"饿死事小,失节事大"的"节烈"思想,无不是宗法主义的体现。毛泽东指出:"这四种权力——政权、族权、神权、夫权,代表了全部封建宗法的思想和制度,是束缚中国人民特别是农民的四条极大的绳索。"②从秦始皇建立封建帝制到清朝政权覆亡,封建君主专制政体在中国实行了两千多年。作为国家治理思想的法家思想和儒家思想,都是为君

①　翦伯赞:《中国史纲要》(上册),人民出版社 1995 年版,第 27 页。
②　《毛泽东选集》第 1 卷,人民出版社 1991 年版,第 31 页。

主专制服务的意识形态。大多读书人的最高理想是"学成文武艺，货与帝王家"，"朝为田舍郎，暮登天子堂"。与封建专制政治配合，封建统治者还实行文化专制，甚至大兴"文字狱"。中华优秀传统文化所处的独特政治环境，决定其无可避免地带有浓郁的宗法主义和专制主义特征。

　　"天下大势，浩浩荡荡；顺之者昌，逆之者亡。"农业文明时代的大刀长矛抵挡不了工业文明时代的坚船利炮，封建主义时代的"宗法"和"专制"也比不上资本主义时代的"民主"和"科学"。因此，中华优秀传统文化由于时代性局限，受到了近代西方文化的猛烈冲击，也受到了近代一些知识分子的强烈质疑和批判。但是，中华优秀传统文化的这种时代性的局限，掩盖不了其系统性、连续性、包容性、民族性等优秀品质，因此不能否认它的重要历史作用，更不能否认它的巨大当代价值。恰恰相反，中华优秀传统文化所包含的精神、制度、物质三个层面的基本内容，所具有的系统性、连续性、包容性、民族性、时代性的主要特征，使它内在地具有巨大的当代价值，对于当代中国乃至世界都具有重要意义。

第三章

中华优秀传统文化当代价值的科学评价

马克思主义价值论认为,价值具有客观性,价值的有无及大小是客观评价的结论,不是主观臆断的产物。孟子说:"权,然后知轻重;度,然后知长短。"(《孟子·梁惠王上》)中华优秀传统文化有没有当代价值,有什么当代价值,有多大当代价值,需要经过科学的价值评价才能得出正确结论。对中华优秀传统文化当代价值进行价值评价,涉及评价主体、评价客体、价值主体、价值客体和评价标准等多种评价因素,进行科学的价值评价必须综合考虑和分析这些因素。

一、中华优秀传统文化当代价值的评价问题

(一)价值与价值评价

人类为了生存和发展,必须不断进行认识世界和改造世界的活动。人类活动是有目的性的活动,人们认识世界是为了追求真理,改造世界是为了追求价值。追求真理,需要人的主观与事物的客观相符合;追求价值,则需要人的需要与事物的属性相契合。追求真理是为了更好地追求价值,追求价值必须遵循真理的要求。因此,人们在认识世界和改造世界活动中,始终伴随着真理问题和价值问题,需要不断做出事实判断和价值判断。所谓价值问题,涉及认识价值、评价价值和实现价值等方面的问题。

1.价值是主客体之间的意义关系

作为一个重要的哲学范畴,"价值是指在实践基础上形成的主体和客体之间的一种意义关系"[①]。价值不是某种实体,不是某种事物属性,而是一种关系,是主体需要与客体属性之间相契合的关系。第一,主体需要是主客体产生价值关系的一个基本依据。价值关系的主体是人,人的需要使事物变得有善恶、美丑、好坏之分,有了对人类而言的"价值"。第二,客体属性是主客体产生价值关系的另一个基本依据。价值关系的客体是世间万物,事物有无价值、有何价值,与事物自身是否具有满足主体需要的某种属性有关。第三,主客体产生价值关系需要一定实现条件。主体需要与客体属性之间具有契合之处,但还不能保证价值关系一定产生,这种关系还只是一种潜在的价值关系,要变成现实的价值关系必须满足一些条件。一般来说,这些条件包括价值关系产生的适当环境、理论基础、科学技术、能力素质等。

2.价值有质、量的差异和变化

主体需要多种多样,客体属性千差万别,人类社会不断发展,主客体之间的这种意义关系就不可避免地表现出差异和变化。第一,主客体之间价值关系具有质的差异。从价值关系的性质来说,客体对主体可能有"正价值",也可能"无价值",还可能有"负价值"。一般来说,我们所说的"价值"是指"正价值"。另外,从价值关系的内容来说,同一客体对于不同主体,不同客体对同一主体,

---

[①] 《马克思主义哲学》编写组:《马克思主义哲学》,人民出版社 2009 年版,第 296 页。

其价值也可能有质的差异。第二,主客体之间价值关系还具有量的差异。价值是主客体之间的意义关系,这种"意义"具有程度的大小之别。客体满足主体需要的程度大,主客体之间的意义关系就大,客体对于主体的价值就大;反之,客体对于主体的价值就小。第三,主客体之间价值关系会发生变化。价值关系的产生,与主体需要、客体属性和实现条件三者都有很大关系。在某些情况下,这三者是稳定的,主客体之间的价值关系也相对稳定。在另一些情况下,主体需要、客体属性、实现条件会发生变化,主客体之间的价值关系也就随之发生变化。这种变化既可能是质的变化,也可能是量的变化。

3.价值评价是人对价值关系的判断

人类对世界的认识包括认知和评价两方面。认知是人对事物的事实判断,评价是人对事物的价值判断。如果说认知是求"真",那么评价则是求"善"、求"美"。人们要认识事物的"善恶""美丑",必须进行价值评价。第一,价值评价也是一种主客体关系。价值关系是主客体之间的意义关系,价值评价则是主客体之间的评价关系。价值评价的主体是人,客体是价值关系。价值评价的主体与价值主体可以相同,也可以不同;价值评价的客体与价值客体则一定不同。第二,价值评价必须选择合适的评价标准。价值是事物对人的价值,价值评价是判断客体对主体需要的满足情况,价值评价的标准只能是主体的需要。主体有个体、家庭、团体、社会、国家、人类等不同形式,主体的需要也有个体需要、家庭需要、团体需要、社会需要、国家需要、人类需要等不同形式。因此,评价标准虽然以人的需要为根本标准,但在具体的价值评价中,因涉及的价值主体的不同而不同。第三,价值评价受诸多因素的影响。

人的认知有正确和错误之别，人的评价也有正确和错误之别。影响价值评价的因素有很多，主要包括四个方面：评价主体的主观性、价值主体需要的多样性、评价客体属性的复杂性、评价标准的科学性。

（二）文化的价值

事物的价值是多种多样的，"根据主体的需要，价值可以区分为物质价值、精神价值和交往价值三种基本形态"[①]。文化，作为人类在实践活动中创造的物质财富和精神财富，对于人类的生存和发展，也具有物质价值、精神价值和交往价值三种形态的价值。

1.文化的物质价值

文化的物质价值，是文化满足人类物质需要的价值。人是有生命的动物，人类的生存和发展必须首先满足衣、食、住、行、用等方面的物质需求。"人们首先必须吃、喝、住、穿，然后才能从事政治、科学、艺术、宗教等等。"[②]所以，人类的第一个历史活动，就是直接的物质资料的生产与再生产。文化的物质价值，既表现在文化直接满足人的物质需要，也表现在文化间接满足人的物质需要。一方面，文化中的衣、食、住、行、用等文化产品，如服饰、饮食、建筑、交通工具、生活用品等，可以直接满足人类的物质需要。另一方面，文化中的科学、哲学、宗教、文学艺术、法律、道德等，虽然不能直接满足人类的物质需要，但它们可以间接地服务于人类的物质资料的生产与再生产，融入人类创造的物质产品，发挥满足人类物质需要的作用。可以说，离开了文化的支撑，人类的生存与其他动物的生存就没有了区别。

---

① 《马克思主义哲学》编写组：《马克思主义哲学》，人民出版社2009年版，第300页。
② 《马克思恩格斯选集》第3卷，人民出版社2012年版，第1002页。

2.文化的精神价值

文化的精神价值,是文化满足人类精神需要的价值。人是有意识和情感的动物,人类在满足衣、食、住、行、用等方面的物质需求基础上,还具有求真、向善和审美等方面的精神需要。"人类社会与动物界的最大区别就是人是有精神需求的,人民对精神文化生活的需求时时刻刻都存在。"①虽然,大自然和人类社会的经济活动、政治活动以及家庭生活,也可以一定程度上满足人类的精神需要。但是,文化是人类满足精神需要的主要途径。人类通常在科学中求真,在伦理中向善,在文艺中审美,在宗教中得到灵魂的安宁,从而获取精神上的满足。文化中的科学、哲学、宗教、文学艺术等文化成果,从不同方面满足着人们的精神需要,推动着人类社会向前发展。

3.文化的交往价值

文化的交往价值,是文化满足人类交往需要的价值。人是社会性的动物,人的本质是社会关系的总和。荀子认为,人"力不若牛,走不若马,而牛马为用,何也? 曰:人能群,彼不能群也"(《荀子·王制》)。恩格斯指出:"人们从一开始,从他们存在的时候起,就是彼此需要的,只是由于这一点,他们才能发展自己的需要和能力等等,他们发生了交往。"②人类从产生开始,就是作为群体而存在和发展的。人类必须处理人与人之间的关系,而使人类变得更强大、更和谐,因而人类始终具有交往需要。同时,人是有情感、有理想的动物,人需要在交往中获得亲情、友情、爱情等情感方面的满足,获得他人的尊重和自身价值的实现。文化中的伦理、宗教、

---

① 习近平:《在文艺工作座谈会上的讲话》,人民出版社 2015 年版,第 14 页。
② 《马克思恩格斯全集》第 42 卷,人民出版社 1979 年版,第 360 页。

制度、法律、礼仪、风俗等文化成果,从不同方面规范、调整人类的交往秩序,满足人类的交往需要。如果没有文化中的这些成果,人类社会将陷入混乱之中,人类的生存和发展也就无从谈起。

文化具有物质价值、精神价值和交往价值,这是文化价值的普遍性。但不同的文化形式,因其内容和特点的不同,其物质价值、精神价值和交往价值不仅存在质的差异,而且存在量的差异,这是文化价值的特殊性。文化价值,就是这种普遍性与特殊性的统一。

(三)中华优秀传统文化当代价值的评价

中华优秀传统文化属于文化的一个的特殊类型,具有普遍性的文化价值,也具有特殊性的文化价值。也就是说,中华优秀传统文化具有文化的物质价值、精神价值和交往价值,但这些价值由于时间和空间的变迁,对于当今社会,其具体内容发生了很大变化。因此,要充分认识中华优秀传统文化当代价值,必须对其进行科学的价值评价。

1.评价的必要性

目前,"国学热"和"传统文化热"持续升温。与此同时,人们对中华优秀传统文化还存在许多误解和争论,这很大程度上源于人们对其当代价值的评价出现了偏差。因此,有必要对中华优秀传统文化当代价值进行全面的客观的评价。第一,有利于廓清认识迷雾。中华优秀传统文化到底有何价值,有多大价值,一般性的论据和论证无法令人信服。全面的客观的价值评价更具有说服力,更容易廓清对中华优秀传统文化的认识迷雾。第二,有利于树立科学态度。人们对待传统文化往往容易走极端,支持者全盘肯定,过度拔高其当代价值;反对者则全盘否定,过度贬低其当代价值。全面的客观的价值评价,可以使人们树立辩证的科学的态度。第三,有利于分析机遇挑战。当前,中国和世界都发生着深刻变化,实现中华优秀传统文化当代价值既面临难得机遇,也遭遇巨大挑战。通过全面的客观的价值评价,人们可以认清机遇和挑战,以便更好地利用机遇,应对挑战。第四,有利于找到传承方法。僵化的、错误的方法不仅无法实现中华优秀传统文化当代价值,甚至会适得其反,引起人们对传统文化的反感和误解。全面的客观的价值评价,使人们认清中华优秀传统文化当代价值的具体内容和实现条件,以便找到更好的传承方法。

2.评价的复杂性

虽然,对中华优秀传统文化进行全面的客观的价值评价非常重要,但这却是一项极为复杂、难度很大的工作。第一,对评价主体的要求很高。全面的客观的价值评价要求评价主体必须具有客观的态度、丰富的学识、严密的逻辑、科学的方法,否则就无法得出令人信服的评价结论。第二,涉的评价客体极为复杂。对中华优秀传统文化当代价值进行评价,价值客体是中华优秀传统文化与当代中国的意义关系。这一意义关系涉及的价值主体和价值客体是极为复杂的,意义关系的内容也是极为复杂的。第三,价值主体需要很复杂。在中华优秀传统文化与当代中国的意义关系中,价值主体,也即当代中国的需要是很复杂的。既有个体、家庭、团体、社会、国家等不同层面主体的不同需要,也有同一层面主体在经济、政治、文化、社会、生态等不同方面的需要。第四,价值客体属性很复杂。对中华优秀传统文化当代价值进行评价,价值客体是中华优秀传统文化。中华优秀传统文化源远流长、博大精深,具有数不胜数的属性,有些属性深藏不露,有些属性扑朔迷离,有些属性相互杂糅,对它们的认识和把握非常不易。第五,难以找到合适的评价标准。价值评价是否全面客观,评价标准是关键。中华优秀传统文化当代价值既是抽象的,又是具体的;既是普遍的,又是特殊的。因此,对其进行全面的客观的价值评价,难以找到合适的评价标准。

3.评价的可行性

对中华优秀传统文化当代价值进行评价虽然复杂,但也具有可行性。只要充分把握价值主体和价值客体,找到合适的价值评价标准,就可以得出正确的评价结论。考虑各种因素,本书对中华优秀传统文化当代价值的评价主要设计四个评价环节:

第一个环节,确定评价主体、评价客体、价值主体和价值客体。对中华优秀传统文化当代价值进行评价,评价主体是评价的实施者,即评价者,在本书中主要是作者本人;评价客体是中华优秀传统文化与当代中国之间的意义关系,包括这一意义关系的内容、形式和程度等方面;价值主体是当代中国,包括个体、家庭、团体、社会、国家等不同层面的价值主体;价值客体是中华优秀传统文化,包括物质层面、精神层面和制度层面等三个层面的中华优秀传统文化。

第二个环节,分析和克服价值评价影响因素。根据上文对评价复杂性的分析,结合中华优秀传统文化当代价值评价的特殊性,主要分析四个方面的影响因素:评价主体的主观性、价值主体需要的多样性、价值客体属性的复杂性、评价标准的科学性。分析影响因素,是为了克服这些影响因素,最终得到尽量全面的客观的价值评价结论。

第三个环节,选择确定科学的价值评价标准。评价标准是评价价值客体对主体有无价值和价值大小的尺度,确立科学的价值评价标准是中华优秀传统文化当代价值评价的中间环节和关键环节。科学的价值评价标准应充分体现价值主体的客观需要。

第四个环节,得出价值评价结论。通过确定评价主体、评价客体、价值主体和价值客体,分析和克服价值评价的影响因素,选择确定科学的价值评价标准,最终得出价值评价结论。价值评价的结论应尽量全面和客观,这样才具有评价的意义,才能作为指导实践的重要参考。

由于中华优秀传统文化当代价值评价中的评价主体、评价客体、价值主体和价值客体已经比较明确,下文的评价主要进行后面三个环节。

二、中华优秀传统文化当代价值评价的影响因素

价值评价是评价主体对价值关系的有无和大小的一种主观判断,这种判断往往因人而异、因事而异、因时而异。近代以来,人们对中华优秀传统文化曾做出了反差极大的价值评价。为了得到更全面更客观的评价结论,我们有必要深入分析影响中华优秀传统文化当代价值评价的相关因素。

(一)评价主体的主观性

虽然人们做判断时尽量追求全面和客观,但评价者不可避免地受到内在的外在的各种因素影响,致使做出的判断出现偏差。其中,影响评价者做出正确判断的内在因素是评价者自身的一些主观性因素,如情感、知识和能力等。

1.情感因素

人是感性的动物,人们对世界的认识无不带着自身的情感因素。影响人们价值评价的情感因素很多,这里简要分析兴趣和立

场对评价的影响。首先,兴趣会影响评价结论。不同的人有不同
的兴趣,因年龄、身份、性格等方面的不同而不同。对中华优秀传
统文化,有的人具有浓厚兴趣,有的人则不感兴趣。这种兴趣方面
的差异,会造成价值评价结论的不同。其次,评价者的立场也会影
响评价结论。人们对事物的评价往往受立场的影响,立场又与人
的社会地位、经济收入、职业类别密切相关。立场不同,人们评价
的角度和情绪就不同。关于对《红楼梦》的评价,鲁迅就曾指出:
"单是命意,就因读者的眼光而有种种:经学家看见《易》,道学家看
见淫,才子看见缠绵,革命家看见排满,流言家看见宫闱秘
事……"①可见,不同立场的主体对同一客体,会看到不同的内容,
产生不同的评价。值得注意的是,人们所处的时代条件、社会环
境,会影响人们对中华优秀传统文化的情感。"五四"时期,屡战屡
败、内忧外患的严峻形势使一些知识分子对中华优秀传统文化产
生质疑和批判;而在和平繁荣、民族复兴的今天,人们更容易对中
华优秀传统文化产生喜爱和敬意,从而做出正面评价。

2.知识因素

人们对事物进行价值评价,是做出关于该事物的"价值判断"。
但"价值判断"的获得,往往要以"事实判断"为基础。人们要评价
某一客体与某一主体之间价值关系,要首先掌握这一客体与这一
主体的基本事实和运动规律。没有这方面的知识,价值判断就无
法进行。对中华优秀传统文化当代价值进行价值判断,要求评价
者具备相关的丰富知识。一是要具备事实性知识。事实性知识是
一些关于事物基本事实的知识。中华优秀传统文化的事实性知

---

① 《鲁迅全集》第8卷,人民出版社2005年版,第179页。

识,包括它的基本内容、发展脉络、主要特征等方面的知识。中华
优秀传统文化源远流长、博大精深,单是事实性知识就极为庞杂,
不容易全面掌握。二是要具备理论性知识。理论性知识是一些关
于事物运动规律的理论。中华优秀传统文化的理论性知识,包括
它的内在矛盾、发展动力、发展趋势等方面的理论,以及文化方面
的相关理论。关于中华优秀传统文化的理论性知识系统而深刻,
掌握起来比较困难。但是,要得出全面的客观的价值评价,评价者
就必须尽量掌握更真实、更丰富、更深入的知识。

3.能力因素

价值评价是一项对事物进行价值判断的认识活动,它遵循认
识活动的一般规律。毛泽东指出,人们要认识事物,"就必须经过
思考作用,将丰富的感觉材料加以去粗取精、去伪存真、由此及彼、
由表及里的改造制作工夫"①。可见,人的认识活动要想深入和准
确,需要具备一定的认识能力。对中华优秀传统文化进行当代价
值评价,同样需要比较强认识能力。一方面,评价者需要科学思维
的能力。评价中华优秀传统文化,评价者需要逻辑思维能力,进行
严密准确的分析和论证;需要辩证思维能力,分析矛盾、掌握重点、
抓住主流;需要战略思维能力,以长远和全局的高度观察和思考;
需要历史思维能力,善于以史为鉴、知古鉴今。另一方面,评价者
还需要运用方法的能力。毛泽东指出:"我们的任务是过河,但是
没有桥或没有船就不能过。不解决桥或船的问题,过河就是一句
空话。不解决方法问题,任务也只是瞎说一顿。"②评价中华优秀传
统文化,只有科学的思维能力是不够的,还需要将科学的思维能力

---

① 《毛泽东选集》第 1 卷,人民出版社 1991 年版,第 291 页。
② 《毛泽东选集》第 1 卷,人民出版社 1991 年版,第 139 页。

转化为进行价值评价的具体的科学的方法,从而找到价值评价的"桥"和"船"。

在价值评价活动中,评价者容易受到情感因素、知识因素和能力因素等主观性因素的影响,最终影响评价的结果。因此,评价者必须有意识克服这些影响因素。

(二)价值主体需要的多样性

价值是主客体之间的意义关系,主体需要是价值关系产生的基本前提。人是价值的主体,价值主体的类型是多样的,价值主体的需要也多样的。多样的价值主体与多样的价值需要结合起来,就产生了价值主体需要的多样性。价值主体需要的多样性,直接影响了人们对中华优秀传统文化当代价值的评价。

1.同一主体的多样需要

就同一价值主体而言,其需要是多种多样的。以个体的人为例,其需要是非常复杂的。美国心理学家亚伯拉罕·马斯洛提出了著名的"马斯洛需求层次理论",认为人的需要像阶梯一样从低到高分为五个层次:生理需求、安全需求、社交需求、尊重需求和自我实现需求。五个层次的需要未必完全涵盖人的所有需要,但至少说明人的需要是多种多样的。如果我们对个体的多样需要按形态进行归类,可以分为三类:物质需要、精神需要和交往需要。物质需要是人在衣、食、住、行、用等方面对物质的需要,精神需要是人在求真、向善和审美等方面对精神的需要,交往需要则是人在秩序、和谐、团结、发展等方面对交往需要。同时,同一价值主体的需要不仅多样,而且容易随着时间、地点等条件的变化而变化。在古代社会,由于生产力发展水平低,人们在物质、精神和交往方面的需要数量少、标准低;到了今天,随着人类文明的巨大进步,一个人的需要不仅数量大,而且标准高。

2.不同主体的多样需要

同一主体有多种需要,不同主体也有多种需要。个体、家庭、团体、政党、社会、国家、人类等都可以作为价值的主体。这些不同的价值主体,它们的需要既有相同的地方,也有不同的地方。例如,对个体来说,有生存和发展的需要;对家庭来说,有幸福和和谐的需要;对团队来说,有团结和向上的需要;对政党来说,有廉洁和高效的需要;对社会来说,有稳定和有序的需要;对于国家来说,有繁荣和富强的需要;对于人类来说,有和平与文明的需要。当然,这里列举的不同主体的多样需要仅仅是一些方面,它们的实际需要远不止这些。与此同时,不同主体的这些多样需要,也是随着时间、空间等条件的变化而变化的。特别是随着全球化和信息化的深入推进,不同价值主体的多样需要也发生着深刻的变化。

同一主体具有多样需要,不同主体也具有多样需要,这就要求我们在评价过程中充分考虑各种价值主体的各种需要。中华优秀传统文化能否满足各种主体的多样需要,以及多大程度上满足这些需要,是对其进行价值评价应该考虑的重要内容。

(三)价值客体属性的复杂性

每个事物都有其固定的质的规定性,并以此与其他事物相区别。在与其他事物的关系中,事物的某种质表现为事物的某种属性。在不同关系中,事物会表现出不同的属性。因此,事物的属性是多样的复杂的。中华优秀传统文化作为一个庞大的文化系统,与当代中国发生联系,其要素的属性与系统的属性,都是很复杂的,这就给价值评价带来很大影响。

1.多种属性交织交融

中华优秀传统文化是一个庞大的文化系统,包含许多文化要素。每一个文化要素在人们的实践活动中,都表现出多种多样的文化属性,这些文化属性往往交织交融在一起,呈现出一种复杂形态。以《资治通鉴》为例,作为中国古代的一部经典之作,具有复杂的属性。它既是记载历史的历史著作,又是"鉴于往事,有资于治道"政治著作;既是记录战争的军事著作,同时还是语言优美、叙事简练、描写生动的文学著作。与此同时,以现代眼光看,《资治通鉴》毕竟是一部服务封建帝制的书籍,书中宣扬的忠君、专制、尊卑等思想观念,具有很大的历史局限性。《资治通鉴》开卷即指出:"是故天子统三公,三公率诸侯,诸侯制卿大夫,卿大夫治士庶人。贵以临贱,贱以承贵。上之使下,犹心腹之运手足,根本之制支叶;下之事上,犹手足之卫心腹,支叶之庇本根。然后能上下相保而国家治安。"(《资治通鉴·周纪一》)从这些论述可以看出,《资治通鉴》的一些主张和思想已经与现代政治文明格格不入了。因此,《资治通鉴》作为中华优秀传统文化的代表之作,历史、政治、军事、文学等不同方面属性交织交融,历史进步性与历史局限性交织交融,构成一部属性复杂的作品。不仅单个的文化要素具有多种属性,而且这些文化要素构成的整个文化系统,同样具有多种属性。中华优秀传统文化作为一个庞大的文化系统,既具有文化的一般属性,又具有单个文化要素所不具有的整体属性,多种属性交织交融。

2.一些属性隐蔽难知

事物的某种属性是事物的某种质的表现,但其属性的表现有时非常隐蔽,很难对其做出美丑善恶判断。在文化领域,一些文化形式的某些属性隐蔽性强,给人们的认识带来很多困难,也产生很多争议。以孔子为例,春秋以来,孔子从一个不受诸侯欢迎的"丧家狗",逐渐被人尊为"至圣先师",成为中国历代统治者和读书人心目中的"圣人"。中国古人甚至说:"天不生仲尼,万古如长夜。"近代以来,由于西方列强的侵入,人们逐渐对孔子产生怀疑,"五四"时期甚至发起了"打倒孔家店"运动,孔子跌下了神坛,甚至一度成为人们嘲笑和批判的对象。20世纪80年代以来,中国逐渐兴起了"《论语》热""孔子热",在世界许多地方兴建了孔子学院。21世纪以来,人们对孔子和《论语》再次掀起了关注和研读的热潮,孔子和《论语》成了中国在世界上的美丽名片。从谷底到谷峰,再从谷峰到谷底,如此反复,历史上人们对孔子的评价发生着大起大落的转变。孔子其人与儒家学说,是文化精华还是文化糟粕,是精华多于糟粕,还是糟粕多于精华,人们对其文化属性至今还没取得一致认识,争议还在继续。儒家思想在传统文化中居于主导地位,对儒家思想属性的认识和定位,极大地影响着人们对传统文化的态度和方式,影响着人们对中华优秀传统文化的价值评价。

3.文化属性因时因事而变

事物属性在不同环境、不同条件下会发生变化。人们在实践中创造文化,并用文化来服务实践。实践变化了,文化也会随之而变。中华优秀传统文化中的许多内容,因为时代的变化,其属性也发生了巨大变化。这种变化主要有如下几种情况。第一,有些文化的一些属性发生了好坏变化。有些文化其产生之初对经济社会起推动作用,但随着历史的发展,反而变为起阻碍作用了,如科举制度。第二,有些文化的一些属性发生了内容变化。有些文化在产生之初主要表现出某种属性,但随着历史的发展,则表现出另一些属性,如故宫和长城。第三,有些文化的一些属性发生了大小变化。有些文化在产生之初表现出鲜明的某种属性,但随着历史的发展,这些属性发生了大小变化。例如,儒家思想、法家思想和道家思想,在不同的历史时期,都做过国家主导的意识形态,但一段历史时期过去之后,它们的主导地位发生变化,它们的政治属性就发生了或大或小的变化。在当代中国,中华优秀传统文化中的许多属性都发生了这样那样的变化,我们应该充分注意和认识这些属性的变化。

事物属性的复杂性,影响对事物的价值评价。中华优秀传统文化当代价值的评价,也难免要受到其本身属性复杂性的影响。要克服这种影响,必须尽可能全面、深入、准确地认识中华优秀传统文化的属性。

(四)评价标准的科学性

评价标准是评价主体评价价值客体有无价值和价值大小的尺度,要做出正确的价值评价,必须选择科学的评价标准。在人们的实践活动中,不同的人对同一事物做出不同的价值评价,重要原因之一就是人们选择了不同的评价标准。对中华优秀传统文化进行价值评价,选择不同的评价标准,会得出不同的评价结论。长期以来,人们关于传统文化产生的争议,很大程度上是价值标准不同引起的。可见,价值标准是否科学,将直接影响价值评价的结论。

1.反映主体多样需要

人们进行事实判断时,是以客体的尺度为尺度,即事实判断符合客体事实。人们进行价值判断时,是以主体的尺度为尺度,即价值判断反映主体需要。价值终究是对主体的价值,价值评价的标准根本上只能是主体的需要。但主体的需要是多样的,我们在选择价值标准时,就应该全面客观地反映不同主体的多样需要。一是兼顾个体需要与群体需要。个体需要与群体需要有一致的时候,也有冲突的时候,不同的群体需要有时也不相同。当不同主体需要不一致时,价值评价的标准应尽量反映群体需要,同时兼顾个体需要。二是兼顾当前需要和长远需要。从时间上说,主体的需要有当前需要,也有长远需要。这两者有时一致,有时不一致。当主体的当前需要和长远需要不一致时,应更重视长远需要,同时兼顾当前需要。三是兼顾物质需要、精神需要和交往需要等不同方面的需要。就人的需要来讲,既需要物质满足,也需要精神满足和交往满足。如果人们在中华优秀传统文化当代价值评价过程中,不能兼顾上述主体三个层面的不同需要,那么所选定的价值标准就是不科学的,就难以得出可靠的结论。

2.具备广泛适用性

评价标准要全面、准确反映主体需要,同时选定的评价标准还要有一定的适用范围。评价中华优秀传统文化对当代中国乃至世界的价值,选定的评价标准必须具有广泛的适用性。一是对象上的广泛适用。中华优秀传统文化包含精神层面、物质层面和制度层面等不同层面的文化内容,涉及哲学、历史、文学艺术、伦理、建筑、服饰、风俗、制度等不同类型的文化成果。我们对其进行价值评价,选择的评价标准就既要有一定的普遍适用性,能够评价一般文化成果;也要有一定的特殊针对性,能够评价特殊文化成果。二是时间上的广泛适用。中华优秀传统文化源远流长,对其进行价值评价涉及过去、现在和未来三个时间维度,因此选择的价值评价标准就应具有较长时间的适用性。三是空间上的广泛适用。中华优秀传统文化影响范围极大,不仅影响中华大地,而且影响东亚、东南亚,甚至影响了整个世界。评价中华优秀传统文化当代价值,既要看其中国价值,也要看其世界价值,选择的评价标准就要有空间上的广泛适用性。评价中华优秀传统文化当代价值,选择科学的评价标准,应尽量反映主体的多样需要,还应尽量具备广泛的适用性。

上面分析了中华优秀传统文化当代价值评价的四个影响因素,我们在进行价值评价时应尽量排除和克服。针对评价主体的主观性这一影响因素,评价者需要尽量克服兴趣、立场等情感因素,掌握真实、丰富和深入的中华优秀传统文化知识,提高认识能力。针对价值主体需要的多样性这一影响因素,应该兼顾个体、家庭、团体、社会、国家、人类等不同价值主体的多样需要。针对价值客体属性的复杂性这一影响因素,应充分注意中华优秀传统文化属性的多样性复杂性,以及其属性因时因事而变的特征。针对评价标准的科学性这一影响因素,必须选择和确立科学的评价标准。

三、中华优秀传统文化当代价值的评价标准

确立科学的评价标准,是价值评价过程的中间环节和关键环节。根据上文分析,科学的评价标准必须能够反映主体多样需要,并且具备广泛适用性。就人类需要而言,生产力发展是根本需要,它为人的各种需要奠定根本基础;社会发展是基本需要,它为人的各种需要提供基本保障;人的自由全面发展是最终需要,促进生产力发展、社会发展,最终目的是促进人的自由全面发展。生产力发展、社会发展、人的自由全面发展三者各有侧重、相互联系,生产力发展为社会发展和人的自由全面发展奠定物质基础,社会发展为生产力发展和人的自由全面发展创造社会条件,人的自由全面发

展为生产力发展和社会发展提供人才支撑。

　　基于这些分析,可以确立中华优秀传统文化当代价值评价的三个评价标准:生产力发展标准、社会发展标准和人的自由全面发展标准。评价中华优秀传统文化当代价值,就是看它在当代能否以及在多大程度上促进生产力发展、社会发展和人的自由全面发展。这三个标准,集中反映了人类的多样需要,并且具有广泛的适用性,是科学的评价标准。

(一)生产力发展标准

　　生产力是人类改造自然、利用自然的能力,是人类满足自己生存和发展需要的根本基础,也是社会发展的决定性力量。生产力包括劳动者、劳动资料和劳动对象三个实体性要素和科学技术这个渗透性要素。生产力诸要素有机结合、不断发展、相互作用,从而推动生产力发展。从历史上看,生产力发展主要根源于劳动者素质的提高、生产工具的改进、劳动对象的扩展和科学技术的进步。因此,判断中华优秀传统文化能否促进当代生产力发展,就是看其能否促进劳动者素质的提高、生产工具的改进、劳动对象的扩展和科学技术的进步。

1.劳动者素质的提高

　　劳动者是生产力构成中最重要的要素,它是生产过程的主体。马克思指出:"自然界没有制造出任何机器,没有制造出机车、铁路、电报、走锭精纺机等等。它们是人类劳动的产物。"[①]劳动者是人,但并非所有人都能成为劳动者,劳动者必须具备一定劳动能力。劳动能力,也即劳动者素质,包括一定的生产经验、劳动技能、

———————

① 《马克思恩格斯全集》第46卷(下),人民出版社1980年版,第219页。

劳动知识和科学素养等。劳动者主导着人类的整个生产过程,劳动者素质的高低直接影响着生产的水平和生产的效率。特别是在当今知识经济时代,劳动者素质尤其重要,关系着生产力水平的高低。促进当代生产力发展,需要大力发展素质教育,健全人才培养和使用机制,营造重视人才的良好社会环境,培养大量高素质劳动者。

2.生产工具的改进

劳动资料是人用以改造、利用劳动对象的物质资料和物质条件,是生产力的要素。"各种经济时代的区别,不在于生产什么,而在于怎样生产,用什么劳动资料生产。劳动资料不仅是人类劳动力发展的测量器,而且是劳动借以进行的社会关系的指示器。"①在劳动资料中,最重要的是生产工具。人类生产力水平的提高,常常首先表现为生产工具的改进。"手推磨产生的是封建主的社会,蒸汽磨产生的是工业资本家的社会。"②从人类最开始使用的石器工具、木器工具,到后来的金属工具、机械工具,再到今天以电子计算机为核心的自动化工具、人工智能工具,生产工具的每次改进,都极大促进了生产力发展。目前,生产工具继续朝着复杂化、精良化、自动化、智能化方向发展,成为推动生产力发展的重要因素。掌握先进生产工具的国家,将在生产力发展竞争中处于优势地位。

3.劳动对象的扩展

劳动对象是人类劳动过程中所加工的事物,人类只有通过加工劳动对象,才能获得劳动产品。劳动对象不是固定的,随着人类对世界认识的深入和生产工具的改进,人类的劳动对象也在不断

---

① 《马克思恩格斯全集》第44卷,人民出版社2001年版,第210页。
② 《马克思恩格斯选集》第1卷,人民出版社2012年版,第222页。

扩展。从古至今，人类的劳动对象不仅从狭窄的领域扩展到广阔的领域，在数量上有了很大的扩展；而且从粗浅的领域扩展到精深的领域，在质量上有了很大的提升。比如，人类对能源的利用就经历了木材、煤炭、石油、天然气、风能、太阳能、核能等不同阶段，数量和质量都在不断提升。当前，新的材料革命和生物工程的发展如火如荼，使人类劳动对象的范围进一步扩展、种类进一步增多、成本进一步降低。在地球资源日益减少、人口数量日益增长、人类消耗日益加大的情况下，劳动对象的不断扩展对生产力发展具有重要意义。占有更多劳动对象的国家，自然具有更多优势。

4.科学技术的进步

科学技术是生产力中的渗透性要素，它通过作用于其他生产力要素，促进生产力发展。它作用于劳动者，提高劳动者的素质；作用于劳动资料，促进生产工具的改进；作用于劳动对象，促进劳动对象的扩展。马克思把科学看成"历史的有力的杠杆""最高意义上的革命力量"，[①]指出"生产力中也包括科学"[②]。近代以来，科学技术的每一次重大突破，都引起人类生产力重大飞跃。第一次科技革命，将人类带入蒸汽时代；第二次科技革命，将人类带入电气时代；第三次科技革命，将人类带入信息时代。每一次科技革命的发生，都使人类的生产力得到巨大发展。随着现代科技革命的持续深入，科学技术在生产力中的作用日益突出。邓小平指出："马克思讲过科学技术是生产力，这是非常正确的，现在看来这样说可能不够，恐怕是第一生产力。"[③]目前，科学技术已经是第一生

---

① 《马克思恩格斯全集》第 19 卷，人民出版社 1972 年版，第 372 页。
② 《马克思恩格斯全集》第 31 卷，人民出版社 1998 年版，第 94 页。
③ 《邓小平文选》第 3 卷，人民出版社 1993 年版，第 275 页。

产力,科学技术的水平直接决定着生产力的水平。

以生产力发展为标准,评价中华优秀传统文化是否具有当代价值,从根本上要看它能否促进当代生产力发展。生产力发展根源于生产力诸要素的发展,因此评价中华优秀传统文化当代价值,就要具体看它促进生产力诸要素发展的情况。如果它还能促进当代生产力诸要素的发展,就具有价值;反之,就没有价值。

(二)社会发展标准

生产力发展是推动人类社会发展的决定性因素,但生产力发展并不是人类发展的全部内容。人类的需要是多样的,要满足人类多样的需要,不仅要推动生产力发展,而且必须推动社会全面发展。对于当代中国来说,社会发展主要包括经济建设、政治建设、文化建设、社会建设和生态文明建设等五个方面建设的全面推进。社会全面发展,突出表现为经济发展、政治进步、文化繁荣、社会和谐、生态改善等几个方面。因此,评价中华优秀传统文化当代价值,就要看其促进经济发展、政治进步、文化繁荣、社会和谐、生态改善等方面的情况。

1.经济发展

经济发展是社会发展的根本。改革开放以来,我国经济建设取得巨大成就,但我国仍处于并将长期处于社会主义初级阶段的基本国情没有变。党的十九大报告指出:"必须坚定不移把发展作为党执政兴国的第一要务,坚持解放和发展社会生产力,坚持社会主义市场经济改革方向,推动经济持续健康发展。"[1]对当代中国,经济发展主要表现在:提高发展的质量和效益,实现有效益、有质

---

[1] 习近平:《决胜全面建成小康社会 夺取新时代中国特色社会主义伟大胜利——在中国共产党第十九次全国代表大会上的报告》,人民出版社 2017 年版,第 29 页。

量、可持续的发展;处理好政府和市场的关系,使市场在资源配置
中起决定作用,更好发挥政府作用;加快实施创新驱动发展战略,
形成新的增长动力源泉;推进供给侧结构性改革,使供给体系更适
应需求结构的变化;不断推进"三农"工作,提高社会主义新农村建
设水平,推进农业现代化;推进新型城镇化建设;推动我国从世界
经济大国向世界经济强国转变。

2.政治进步

政治进步是社会发展的保证。习近平指出:"人民民主是社会
主义的生命。没有民主就没有社会主义,就没有社会主义的现代
化,就没有中华民族伟大复兴。"[①]推进社会主义民主政治建设、发
展社会主义政治文明,是社会发展的重要内容,也是社会发展的制
度保证。对于对当代中国,政治进步主要表现在:社会主义政治制
度不断完善,政治体制改革稳步推进,社会主义民主政治制度化、
规范化、程序化程度不断提升;人民当家作主得到保证,人民民主
更加广泛、更加充分、更加健全;行政体制改革迈出新步伐,建设职
能科学、结构优化、廉洁高效、人民满意的服务型政府;社会主义法
治建设不断推进,社会公平正义、司法公正得到维护;爱国统一战
线不断巩固和发展,民族政策、宗教政策得到全面贯彻,"一国两
制"实践不断丰富。

3.文化繁荣

文化繁荣是社会发展的灵魂。人类社会的跃进、人类文明的
升华,都伴随着文化的历史性进步。在社会发展中,文化具有思想
保证、精神动力和智力支持作用。在当代中国,促进文化的大发展

---

① 《习近平总书记系列重要讲话读本》,学习出版社、人民出版社 2016 年版,第 163 页。

大繁荣,关系着国家富强、民族振兴和人民幸福。党的十九大报告指出:"文化兴国运兴,文化强民族强。没有高度的文化自信,没有文化的繁荣兴盛,就没有中华民族伟大复兴。"①一般来说,文化繁荣主要表现在:形成社会广泛认同的核心价值观,为社会提供精神动力和道德滋养,社会文明程度不断提高;文艺创作充满活力,不断涌现思想精深、艺术精湛、制作精良的文艺作品;文化事业和文化产业协调发展,人民精神文化需要得到满足;国家文化软实力不断提升,在国际社会产生较大影响力和吸引力。

4.社会和谐

社会和谐是社会发展的条件。没有稳定和谐的社会环境,经济、政治、文化和生态建设都无法进行。社会和谐是中国特色社会主义的本质属性,是我们不懈追求的社会理想,也是社会发展的重要内容。习近平指出:"人民对美好生活的向往,就是我们的奋斗目标。"②不断满足人民对美好生活的向往,是促进社会和谐的根本途径。一般来说,社会和谐主要表现在:社会民生持续改善,在学有所教、劳有所得、病有所医、老有所养、住有所居上持续取得新进展;贫困人口不断减少,贫困群众生活水平显著提高,贫困地区面貌发生根本变化;社会矛盾妥善处理,社会既生机勃勃,又井然有序;社会治理取得进步,治理体制和治理方式更加科学,形成全民共建共享的社会治理格局。

5.生态改善

生态改善是社会发展的基础。党的十八大把生态文明建设融

---

① 习近平:《决胜全面建成小康社会 夺取新时代中国特色社会主义伟大胜利——在中国共产党第十九次全国代表大会上的报告》,人民出版社 2017 年版,第 41 页。

② 《习近平总书记系列重要讲话读本》,学习出版社、人民出版社 2016 年版,第 212 页。

入经济建设、政治建设、文化建设、社会建设各方面和全过程,作为社会发展的重要内容。目前,我国生态破坏和环境污染还比较严重,人民对清洁空气、清洁饮水、健康食品的要求更加迫切。生态改善是关系人民福祉、关乎民族未来的大事。习近平指出:"我们既要绿水青山,也要金山银山。宁要绿水青山,不要金山银山,而且绿水青山就是金山银山。"①一般来说,生态改善主要表现在:绿色发展不断推进,形成绿色低碳循环发展的经济体系,绿色生产方式、生活方式得到实行;生态系统得到有力保护,生态系统的质量和稳定性得到不断提升;生态环境监管体制不断完善,破坏生态环境的行为得到坚决制止和惩处;突出环境问题得到根本解决,天更蓝、地更绿、水更净的目标不断实现。

社会发展既是宏观的,也是微观的。推进社会发展,既是全面的发展,也是具体的发展。以社会发展标准评价中华优秀传统文化是否具有当代价值,既要以宏观视角看它能否促进社会全面整体的发展,又要以微观视角看它能否促进社会具体领域的发展,特别是看它能否促进经济发展、政治进步、文化繁荣、社会和谐和生态改善。如果能,就具有价值;反之,就没有价值。

（三）人的自由全面发展标准

生产力发展和社会发展,其出发点和落脚点都是为了实现人的自由全面发展。人的自由全面发展是未来社会的根本特征,是人类追求的最终理想。《共产党宣言》指出:"代替那存在着阶级和阶级对立的资产阶级旧社会的,将是这样一个联合体,在那里,每个人的自由发展是一切人的自由发展的条件。"②人的自由全面发

---

① 《习近平总书记系列重要讲话读本》,学习出版社、人民出版社2016年版,第230页。
② 《马克思恩格斯选集》第1卷,人民出版社2012年版,第422页。

展,在状态上是一种自由发展,在范围上是一种全面发展。两者相辅相成,人只有自由发展,才能全面发展;而人的全面发展,也利于人的自由发展。因此,评价中华优秀传统文化当代价值,就要看其能否促进人的自由发展和人的全面发展。

1.人的自由发展

人的发展首先是一种自由发展,人只有在自由的状态下才能真正实现发展。然而,人的自由是相对的,人总是处于各种"必然"的束缚之下。毛泽东指出:"必然王国之变为自由王国,是必须经过认识与改造两个过程的。"[①]人要实现自由发展,必须妥善处理自由与必然的关系,并在这种关系中实现自由发展。第一,认识必然。人无法摆脱必然,但人可以通过认识必然,获得自由发展。恩格斯指出:"自由不在于幻想中摆脱自然规律而独立,而在于认识这些规律,从而能够有计划地使自然规律为一定的目的服务。"[②]人通过认识必然,把必然从外在限制转化为实践依据,从而获得自由发展的前提。第二,改造世界。认识了必然并不等于获得了自由,只有遵循和利用必然,也就是遵循和利用客观规律改造世界,实现人的实践目的,获得人的实践成果,才能真正实现自由发展。人通过认识必然、改造世界,不断为人的自由发展创造自然条件和社会条件,从而实现人更大程度的自由发展。

2.人的全面发展

人追求的发展不是某一方面的发展,而是全面的发展。人的全面发展内容丰富,主要包括以下几个方面。第一,人的能力的发展。人的能力是人生存和发展的条件,能力强弱决定着人的生命

---

① 《毛泽东文集》第 2 卷,人民出版社 1993 年版,第 343 页。
② 《马克思恩格斯选集》第 3 卷,人民出版社 2012 年版,第 491 页。

质量。人的能力的发展,既包括一般意义上体力和智力的发展,也包括人各方面具体能力的发展。第二,人的个性的发展。人的个性是人的思想、性格、道德、精神等方面的特质,是人区别于人的重要标志。人的个性的发展,表现在人的思想境界的提高、人的性格的完善、人的道德的提升、人的精神的培育等方面。第三,人的社会关系的发展。马克思指出:"人的本质不是单个人所固有的抽象物,在其现实性上,它是一切社会关系的总和。"[1]人生活在社会关系之中,人的发展离不开社会关系的发展。不合理的社会关系限制人的发展。人通过构建合理的社会关系,扩大社会交往的范围,从而促进人的社会关系的发展。人通过全面的发展,不仅有利于获得更大自由,而且为生产力发展和社会全面发展创造有利条件。

人的自由全面发展,是自由发展,也是全面发展。以人的自由全面发展为标准评价中华优秀传统文化是否具有当代价值,既要看其能否促进人的自由发展,也要看其能够促进人的全面发展。如果能,就具有价值;反之,就没有价值。

四、中华优秀传统文化当代价值的评价结论

上面确定了中华优秀传统文化当代价值评价的三个标准,即生产力发展标准、社会发展标准和人的自由全面发展标准。结合当代中国的时代条件和具体实践,用这三个标准来评价中华优秀传统文化当代价值,可以得出以下结论:中华优秀传统文化有利于当代中国的生产力发展、社会发展和人的自由全面发展,具有重大当代价值,并表现出时效性、多维性和差异性的价值特点。

---

[1]　《马克思恩格斯选集》第 1 卷,人民出版社 2012 年版,第 153 页。

（一）中华优秀传统文化当代价值的时效性

从价值的时间范围上看,中华优秀传统文化当代价值具有时效性。价值的时效性,是指在一定时间范围内,价值的内容和性质保持相对稳定,超过一定时间则会发生变化。中华优秀传统文化当代价值的时效性,一方面指这种价值长期稳定,另一方面则指这种价值因时而变。中华优秀传统文化当代价值既是稳定的,也是变化的,是稳中有变,变中有恒。

1.长期稳定

人类的需要随着时代的变化而变化,但一些基本需要是长期稳定的。作为满足人类需要的文化创造,其中的一些优秀文化成果的价值具有长期稳定性。中华优秀传统文化是中华民族在长期历史实践中创造的优秀文化成果,其价值具有长期稳定性。

第一,一些文化成果具有永不褪色的价值。习近平指出:"中华优秀传统文化中很多思想理念和道德规范,不论过去还是现在,都有其永不褪色的价值。"[1]在中华优秀传统文化中,一些优秀文化成果是中华民族伟大智慧和高超艺术的结晶,从产生之日起,就具有永不褪色的价值。以文学为例,李白称赞屈原的创作说:"屈平词赋悬日月,楚王台榭空山丘。"（李白《江上吟》）韩愈又称赞李白、杜甫的诗篇说:"李杜文章在,光焰万丈长。"（韩愈《调张籍》）从《诗经》《楚辞》到唐诗、宋词、元曲,再到明清小说,其中的经典之作流传至今而不衰,成为历代人民群众喜闻乐见、百读不厌的文学精品。这说明,历史上一些经典文学作品,具有永不褪色的文学价值。再以道德为例,历史上形成的一些传统美德,如"尊老爱幼"

---

[1]　习近平:《在文艺工作座谈会上的讲话》,人民出版社 2015 年版,第 26 页。

"尊师重教""诚实守信""勤俭节约"等,至今具有重要价值。

第二,一些文化成果具有无可替代的价值。社会存在决定社会意识。文化具有时代性,一种文化样式有其出现的时代环境。中华优秀传统文化中的一些经典之作,是特殊时代背景下产生的,是独具特色的。因为独具特色,所以无可替代。例如,《诗经》《楚辞》之于中国文学,《左传》《史记》之于中国史学,《老子》《庄子》之于中国哲学,《说文解字》《尔雅》之于中国语言学,都是特殊时代背景下产生的特殊作品,它们的价值是无可替代的。正因为中华优秀传统文化中许多优秀文化成果具有永不褪色和无可替代的特征,其当代价值具有长期稳定性。

2.因时变化

人类的需要在变化,人类满足自己需要的能力在变化,价值关系实现的环境、条件也在变化,事物的价值必然随着时代的变化而变化。虽然中华优秀传统文化当代价值具有长期稳定性,但当代中国毕竟不同于古代中国,其价值具体情况必然发生了变化。

第一,价值的地位作用因时而变。在当代中国,中华优秀传统文化只是众多文化形态中的一种,虽依然占据极其重要的地位,但其价值的地位作用不可避免地发生了变化。例如,在中国古代相当长时间内,儒家思想是占据主导地位的意识形态,具有至高无上的地位;但在当代中国,儒家思想仅仅是众多治国思想中的一种,只起借鉴、启发作用,失去了主导地位。

第二,价值的具体内容因时而变。中华优秀传统文化中的一些文化成果,其价值的具体内容也发生了变化。例如,在中国古代,长城一度是中华民族防御外敌侵略的军事工事;但在当代中国,长城失去了军事防御价值,而成为中华民族的文化遗产。

第三,价值的实现方式因时而变。随着科学技术的进步,一些文化成果价值的实现方式也发生了变化。例如,在中国古代,四大名著主要通过纸质印刷的方式流通,人们接受的是文字;而在当代中国,四大名著被拍摄成影视作品,以影音的方式为人广泛接受。

认识到中华优秀传统文化当代价值的时效性非常重要。一方面,肯定中华优秀传统文化当代价值长期稳定,我们就可以更加坚定文化自信,充分挖掘并实现其当代价值,使其为当代中国服务。另一方面,肯定中华优秀传统文化当代价值因时而变,我们就可以更加增强文化自觉,以科学的态度和方法实现其当代价值。

(二)中华优秀传统文化当代价值的多维性

从价值的表现维度上看,中华优秀传统文化当代价值具有多维性。价值的多维性,是指价值不是单一的,在不同维度上表现为不同价值。中华优秀传统文化当代价值的多维性,可以从价值主体、价值形态和价值领域等几个维度来理解。

1.个体价值与群体价值

从价值主体维度看,在当代中国,中华优秀传统文化既具有个体价值,又具有群体价值。第一,个体价值。个体的需要是多种多样的,既有衣、食、住、行、用等方面的生存需要,也有自由发展、全面发展等方面的发展需要。中华优秀传统文化对于个体的这些需要,可以在一定程度予以满足。在生存需要方面,优秀的传统服饰、传统建筑、传统饮食等,依然可以发挥作用。在发展需要方面,中华优秀传统文化中的民族精神、治国思想、文学艺术、传统美德、历史经验、思维方式等,对人的自由发展和全面发展具有重要意义。第二,群体价值。群体的种类是多种多样的,家庭、团体、政党、政府、社会、国家、人类等都是不同的群体。群体的需要也是多种多样的,在中华优秀传统文化中,良好的家教、家风、家规有助于家庭的幸福和谐,历史上优秀的廉政文化有助于政党的廉洁高效,传统美德有助于社会的稳定有序,传统治国思想有助于国家的繁荣富强,中华以和为贵、公平正义的价值理念有利于世界的和平与文明。在当代治国理政实践中,中华优秀传统文化已经充分显示了这些方面的巨大价值。

2.物质价值、精神价值与交往价值

从价值形态维度看,在当代中国,中华优秀传统文化具有物质价值、精神价值和交往价值。第一,物质价值。一方面,中华优秀传统文化中的服饰、饮食、建筑、器物等,还可以直接满足人的衣、食、住、行、用等方面的物质需要。另一方面,中华优秀传统文化中的治国思想、价值观念、发展理念、文学艺术等,可以服务于物质资料生产,间接发挥文化的物质价值。第二,精神价值。在人的基本需要中,求真、向善、审美的需要是重要的精神需要。中华优秀传统文化中博大精深的哲学思想、伦理观念、文学艺术等,可以为今天人们求真、向善、审美提供丰富而宝贵的精神食粮。第三,交往价值。人生活在社会关系之中,人的物质需要和精神需要的满足,离不开交往这个前提,因此人有交往的需要。中华优秀传统文化中的一些伦理规范、礼仪风俗、法律制度等,可以有助于人们处理好人与人之间的关系、人与社会之间的关系,从而为建立和谐、公正、合理的社会秩序提供重要借鉴和启发。

3.经济价值、政治价值、文化价值、社会价值与生态价值

从价值领域维度看,在当代中国,中华优秀传统文化具有经济价值、政治价值、文化价值、社会价值和生态价值。第一,经济价值。在经济建设领域,中华优秀传统文化既可以为经济发展,特别

是文化产业的发展提供直接的文化资源,还可以为经济发展提供有力的道德支撑和智力支持。第二,政治价值。在政治建设领域,中华优秀传统文化可以为政治文明进步提供深刻的历史经验借鉴和治国思想启发,还可以为廉政建设提供优秀的廉政文化。第三,文化价值。在文化建设领域,中华优秀传统文化是中国当代文化的源头活水,可以为社会主义文艺创作提供有益指导,为社会主义哲学社会科学建设提供深刻启发,为社会主义核心价值观建设提供丰厚滋养。第四,社会价值。在社会建设领域,中华优秀传统文化积累了丰富的社会治理经验和资源,可以为维护社会和谐稳定提供丰富经验,为促进社会公平正义提供宝贵借鉴,为解决社会矛盾提供有益启示。第五,生态价值。在生态文明建设领域,中华优秀传统文化包含人与自然和谐相处的深刻思想,可以为当前生态环境的改善提供有益启发。

除了经济、政治、文化、社会和生态等领域,中华优秀传统文化在军事、外交等领域也有很重要的当代价值。

上面从价值主体、价值形态和价值领域三个维度分析了中华优秀传统文化当代价值的多维性,可以说明中华优秀传统文化当代价值涉及生产力发展、社会发展和人的自由全面发展的方方面面。认识到中华优秀传统文化当代价值的多维性,我们就应更加自觉地从各个角度、各个方面,发掘和实现其当代价值。

(三)中华优秀传统文化当代价值的差异性

从价值的具体内容上看,中华优秀传统文化当代价值具有差异性。价值的差异性,是指价值是有差异的,其具体内容因人而异、因事而异、因时而异。中华优秀传统文化当代价值的差异性,不仅表现为质的差异性,而且表现为量的差异性。

1.质的差异性

文化成果的价值往往具有质的差异性。中华优秀传统文化内容丰富,其包含的民族精神、治国理念、传统美德、文学艺术、历史经验、思维方式等文化成果,在当代中国具有不同价值。第一,对同一主体,不同文化成果的价值具有质的差异性。主体需要具有多样性,不同文化成果满足的是主体不同方面的需要,因此具有差异性。例如,针对国家这一主体,中华优秀传统文化中的治国理念、文学艺术、历史经验等的文化成果发挥着不同作用,表现出价值的质的差异性。第二,对不同主体,同一文化成果的价值具有质的差异性。不同主体具有不同的需要。马克思指出:"忧心忡忡的穷人甚至对最美丽的景色都没有什么感觉;贩卖矿物的商人只看到矿物的商业价值,而看不到矿物的美和特性;他没有矿物学的感觉。"[①]对于不同主体而言,同一文化成果满足的是不同主体的不同需要,因此具有差异性。对于不同主体、不同文化成果的价值自然也是千差万别的。中华优秀传统文化当代价值质的差异性,也从另一个方面说明了其价值的多维性。

2.量的差异性

文化成果的价值还往往具有量的差异性。人类创造的文化成果从价值量的角度看,一些经典之作的价值远远大于普通作品的价值。中华优秀传统文化内容丰富,其包含的不同文化成果,其价值量有大小之分。第一,对同一主体,不同文化成果的价值量不同。对同一主体,不同文化成果满足人需要的程度是不同的。例如,对于一个艺术家而言,中华优秀传统文化中的文学艺术类作

---

① 《马克思恩格斯全集》第 42 卷,人民出版社 1979 年版,第 126 页。

品,要比哲学军事类作品具有更大价值;同样是文学艺术类作品,《红楼梦》《三国演义》等经典作品比其他一般作品有更大价值。第二,对不同主体,同一文化成果的价值量不同。对不同主体,同一文化成果满足人需要的程度也是不同的。价值的实现不仅要看主体需要、客体属性,还要看价值实现的条件,特别是主体实现价值的能力。马克思说:"对于没有音乐感的耳朵来说,最美的音乐也毫无意义。"[①]不同人接受中华优秀传统文化的能力是不一样的,对于历史学家来说,《左传》《史记》具有巨大价值;而对于一些人来说,这些作品可能会由于语言障碍而价值很小。对于不同主体,不同文化成果的价值量自然也不同。

马克思主义认识论认为,认识事物的质是认识的基础,认识事物的量是认识的深化。通过定性分析,认识到中华优秀传统文化当代价值质的差异性,就可以针对主体的需要和情况,正确区分价值的差别,具体问题具体分析,并有目的地实现价值。通过定量分析,认识到中华优秀传统文化当代价值量的差异性,就可以针对主体的需要和情况,准确定位价值的大小,避免盲目贬低或过度拔高,并有目的地创造实现价值最大化的条件。

---

① 《马克思恩格斯全集》第 42 卷,人民出版社 1979 年版,第 126 页。

第四章

中华优秀传统文化当代价值的丰富内涵

上一章用马克思主义价值论方法,对中华优秀传统文化当代价值进行了价值评价,可知中华优秀传统文化有利于当代中国的生产力发展、社会发展和人的自由全面发展,具有重大当代价值,并表现出时效性、多维性和差异性的价值特点。中华优秀传统文化当代价值既是宏观的,又是微观的;既是抽象的,又是具体的;既属于中国,又属于世界。这一章将结合当代中国和世界实际,着眼实现"两个一百年"奋斗目标和中华民族伟大复兴的中国梦,从民族精神、国家治理、社会教化、文艺审美、文化产业和世界和平发展等六个方面,深入阐释中华优秀传统文化当代价值的丰富内涵。

一、凝聚整合价值

文化凝聚力量,文化整合思想。国学大师钱穆说:"由民族产生出文化,但亦由文化来陶铸了民族。没有中国民族,便没有中国文化;但亦可说没有中国文化,也就没有了此下的中国人。"①易中天也指出:"我们这个民族,几千年来风风雨雨,饱受战乱、分裂和

---

① 钱穆:《中华文化十二讲》,九州出版社 2011 年版,第 57 页。

侵略蹂躏之苦,却一直屹立不倒,一直凝聚不散,就是因为我们有共同的文化。"①中华优秀传统文化是中华民族共同的精神家园和文化标识,在民族精神凝聚整合方面始终发挥着重要作用。特别是随着世界多极化、经济全球化深入发展,文化多样化、社会信息化持续推进,各种思想思潮激烈碰撞,各种利益矛盾交织出现,各种危险考验长期存在,尤其需要中华优秀传统文化发挥凝聚整合作用。

(一) 强化民族认同

民族认同感,是民族成员对自己民族产生的认可和赞同的情感。这一情感既包括对自己民族身份的认可,即对"我属于这个民族"的认可;也包括对自己民族身份的赞同,即对"这个民族很伟大"的赞同。"认可"与"赞同"的情感相互强化,共同组成民族认同感,成为民族产生凝聚力的情感基础。这个基础牢固,民族凝聚力就强大;反之,民族凝聚力就弱小。能够强化民族认同的因素很多,民族的传统文化无疑是最重要的因素之一。

历史上,中华优秀传统文化是强化中华民族身份认同的最重要因素。冯友兰认为:"在传统上,中国人与外人即'夷狄'的区别,其意义着重在文化上,不在种族上。"②"中华"有居天下之中、集天下之美的意思,"中华"和"夷狄"的区别在于文化,"中华民族"内在地含有文化繁荣、文明昌盛之意。《史记》上说:"中国者,盖聪明徇智之所居也,万物财用之所聚也,贤圣之所教也,仁义之所施也,诗书礼乐之所用也,异敏技能之所试也,远方之所观赴也,蛮夷之所义行也。"(《史记·赵世家》)这段话很好地说明了,中华民族把

---

① 易中天:《先秦诸子百家争鸣》,上海文艺出版社 2009 年版,第 271 页。
② 冯友兰:《中国哲学简史》,北京大学出版社 2013 年版,第 305 页。

优秀文化视为民族身份的标志,视为民族自豪的依据。在漫长历史中,中华优秀传统文化成为中华儿女不断增强身份认同、增强理想信念的精神因素,苏武北海牧羊而不降匈奴、岳飞精忠报国而抗击金军、文天祥视死如归而不降元军等英雄事迹,都可以看出这种强烈民族身份认同所产生的强大精神力量。近代以来,面对西方列强的侵略和欺凌,在中华优秀传统文化的滋养和激励下,中国大地各民族凝聚成强大的中华民族,最终实现了民族的独立和振兴。

当今中国,在世界文化西强东弱的总体形势下,在经济全球化的浪潮中,着眼实现中华民族伟大复兴的宏伟目标,更应该强化全体中华儿女的民族身份认同,从而夯实民族凝聚力的情感基础。中华优秀传统文化是包括 56 个民族在内的中华民族共同创造的文化成果,是中华民族共同的文化标识,是包括海外华人华侨在内的所有中华儿女的共同精神家园。中国孔子、孟子、老子、庄子等的哲学思想,春节、清明、端午、中秋等传统节日,汉服、唐装、旗袍等传统服饰,长城、故宫、兵马俑等历史古迹,屈原、岳飞、文天祥等忠臣良将,李白、杜甫、苏轼等古典诗人,《红楼梦》《三国演义》《水浒传》《西游记》等古典小说,这些都是中华民族的文化标识,都是产生和强化共同身份认同的文化符号。传承和弘扬中华优秀传统文化,就是对我们民族文化标识的反复强调和不断确认,就是对中华儿女民族身份的反复强调和不断确认,可以极大增强中华儿女的民族认同感。

(二)整合思想认识

改革开放以来,在解放思想的大背景下,中国社会思想活跃、思潮涌动,出现了思想思潮多元化的趋势。学者马立诚认为,最近40 年中国产生了许多社会思潮,其中有八种社会思潮影响巨大,它们是"中国特色社会主义思想、老左派思潮、新左派思潮、民主社会主义思潮、自由主义思潮、民族主义思潮、民粹主义思潮、新儒家思潮"[1]。这八种社会思潮,针对中国社会转型过程中产生的各种问题、矛盾和冲突,分别提出了解决思路和方案。"打个比方说,这八种思潮,犹如八种药方。"[2]存在这些大的社会思潮的同时,社会各个阶层、甚至每个人由于利益诉求的不同,在国家治理、社会建设、利益分配等诸多方面存在着思想认识上的分歧。学术上的"百家争鸣"和社会思想的生动活跃是好的现象,但社会思想认识过于分裂,反而成为社会进步的思想障碍。特别是有些思潮和思想,严重背离中国特色社会主义道路和现代文明,其危害性不容小觑。

中华优秀传统文化是中华民族共有的精神家园,在这个精神家园里,我们的社会理想、发展理念、价值观念、思维方式、审美品位、心理习惯等有着很大的相似性和一致性,这恰恰可以成为我们整合思想认识的重要基础。例如,在社会理想方面,世界上很多民族都提出过自己的"理想国",社会上每个人也都有自己的理想社会。为了提出一个科学而美好的社会理想,凝聚最广大人民的思想共识,改革开放之初,邓小平从中华优秀传统文化中提炼出"小康"这一概念,把"小康社会"作为全党全国各族人民共同奋斗的目标。"小康"是中华民族古已有之、中华儿女非常熟悉的概念,《诗经》上说:"民亦劳止,汔可小康。"(《诗·大雅·民劳》)《礼记》上也提出了"小康"的概念,与"大同"相对应。作为中国特色社会主义理论内的"小康"自然与中国历史上的"小康"含义不同,但事实

---

① 马立诚:《最近四十年中国社会思潮》,东方出版社 2015 年版,第 243 页。
② 马立诚:《最近四十年中国社会思潮》,东方出版社 2015 年版,第 3 页。

证明,这一富有传统色彩的概念,有效地整合了人们在社会理想上的不同认识,引起了人民群众强烈的思想共鸣。

党的十八大以来,我们在全面建成小康社会目标即将实现的时候,又提出了"中华民族伟大复兴的中国梦"概念。习近平指出:"中国梦是一种形象的表达,是一个最大公约数,是一种为群众易于接受的表述。"①"中国梦"这一概念让人很容易联想到"文景之治""贞观之治""开元盛世"和"康乾盛世"等历史上的繁荣时期,因此一经提出就引起广泛共鸣,起到了整合思想认识、凝聚思想共识的巨大作用。目前,"中华民族伟大复兴的中国梦"的概念已经深入人心,成为中华儿女广泛认同的奋斗目标。

中华优秀传统文化具有整合思想认识的价值,但不是说要用它取消或取代其他思想认识。而是它博大精深的思想内容,包容创新的优秀品质,能够引起广泛的思想共鸣,整合思想共识,汇聚智慧力量,从而减少发展的思想阻力,增强发展的精神动力。

(三)维护团结统一

维护民族团结统一,既是实现中华民族伟大复兴的应有之义,也是实现这一伟大梦想的必要条件。实现中华民族伟大复兴必须凝聚中国力量,这个力量就是全国各族人民大团结的力量。我国是一个有着近14亿人口、56个民族的大国,只要保持团结统一、万众一心,再强的敌人也能战胜,再大的困难也能克服,再伟大的梦想也能实现。维护中华民族的团结统一,可以充分发挥中华优秀传统文化这个天然的坚强的文化纽带作用。

史学名著《全球通史》曾提出一个值得深思的问题:"中国为什

---

① 《习近平新时代中国特色社会主义思想三十讲》,学习出版社2018年版,第36页。

么会拥有世界上最古老、连续不断的文明？"①究其原因，中华优秀传统文化是维"合"促"合"的强大精神力量，是维护团结统一的坚强精神纽带。

一方面，中华优秀传统文化中有着根深蒂固的"大一统"思想。从《诗经》"溥天之下，莫非王土"（《诗经·小雅·北山》），到《公羊传》"何言乎王正月？大一统也"（《公羊传·隐公元年》），再到《中庸》"天下车同轨，书同文，行同伦"（《礼记·中庸》），"大一统"的思想在中华民族历史上确立早、扎根深、影响远，反对分裂、维护统一的意识深深积淀在中华民族的文化心理之中。冯友兰指出："秦朝统一以后的两千多年，中国人一直在一个天下一个政府之下生活，只有若干短暂的时期是例外，大家都认为这些例外不是正常情况。"②在中国人内心深处，认为国家统一是正常的，而认为国家分裂是不正常的，团结统一的思想是根深蒂固的，这就从思想深处维护和促进了民族的团结统一。

另一方面，中华优秀传统文化是促进各民族、各区域融为一体的文化熔炉。考古学发现表明，中华大地上最早散布着满天星斗般的文化区域和原始部族。在不断冲突和融合中，华夏文化逐渐成为主体，并显示出强大的包容性和先进性。随着其文化影响力的增强和辐射范围的扩大，各区域文化逐渐融合成中华文化，各少数民族逐渐融合成中华民族。中华优秀传统文化，特别是其中优秀的语言文字、文学艺术、思想理念、伦理道德、节日风俗、饮食服饰等,如同一个巨大的文化熔炉,各民族、各区域在其中交流融合,形成了民族多元一体、文化多样和谐的统一整体。

目前,中华民族的最终统一还没有实现,民族分裂势力还比较猖獗,维护民族团结统一的任务还很艰巨。在港澳台问题上,祖国大陆和港澳台实行的政治制度不同,占主导地位的意识形态也不同,但祖国大陆和港澳台有着共同的文化源泉和文化基础,即中华优秀传统文化,这是割舍不断、抛弃不掉的。因此,中华优秀传统文化是祖国大陆和港澳台同胞,乃至全体中华儿女共同的精神纽带,维系和加强这个精神纽带,就有利于维护民族和国家的团结统一。在解决两岸问题上,党的十九大报告提出:"我们将推动两岸同胞共同弘扬中华文化,促进心灵契合。"[1]这是用中华优秀传统文化促进国家统一的重要举措。

(四)激发精神力量

党的十九大报告指出:"中华民族伟大复兴,绝不是轻轻松松、敲锣打鼓就能实现的。"[2]实现中华民族伟大复兴的中国梦,推动经济社会持续发展,克服各种困难,战胜各种挑战,需要我们不断激发强大的精神力量。从盘古开天地的远古传说,到抵御西方列强的近代壮举,中华优秀传统文化积累了十分丰富的精神宝藏。传承和弘扬中华优秀传统文化,能够不断激励中华儿女继续前进,凝聚起同心共筑中国梦的磅礴力量。

一是自强不息精神。"自强不息"出于《易经》:"天行健,君子

---

[1]　习近平:《决胜全面建成小康社会 夺取新时代中国特色社会主义伟大胜利——在中国共产党第十九次全国代表大会上的报告》,人民出版社2017年版,第37页。

[2]　习近平:《决胜全面建成小康社会 夺取新时代中国特色社会主义伟大胜利——在中国共产党第十九次全国代表大会上的报告》,人民出版社2017年版,第15页。

以自强不息。"古人认为，天上的星辰日夜运行不息，君子效法上天，也应自强不止。从历史上看，中华民族曾长期屹立世界民族之林的前列，中华文明曾长期占据人类文明的高峰，这与中华优秀传统文化中的自强不息精神是紧密相关的。

二是居安思危精神。中华民族自古以来就对国家的兴衰安危有着清醒的忧患意识。孔子说："人无远虑，必有近忧。"（《论语·卫灵公》）孟子说："生于忧患，死于安乐。"（《孟子·告子下》）《司马法》说："国虽大，好战必亡；天下虽安，忘战必危。"（《司马法·仁本》）欧阳修说："忧劳可以兴国，逸豫可以亡身。"（《新五代史·伶官传序》）这些都表现了中华儿女对国家的强烈忧患意识。易中天认为："忧患是我们民族文化的底色。"①正因为中华民族有忧患意识，才能够经常保持清醒，才能保持自强不息的精神状态，才能长盛不衰。

三是勇于担当精神。在中国古代，"修身""齐家""治国""平天下"是读书人的人生追求和最高理想。在中国历史上，出现了很多具有担当精神的英雄，他们勇于担当起人民、民族和国家的责任。鲁迅说："我们从古以来，就有埋头苦干的人，有拼命硬干的人，有为民请命的人，有舍身求法的人，……这就是中国的脊梁。"②从大禹治水"八年于外，三过其门而不入"（《孟子·滕文公上》），到孟子"如欲平治天下，当今之世，舍我其谁也"（《孟子·公孙丑下》），再到林则徐虎门销烟的壮举，勇于担当的精神始终是中华民族的重要精神品质。正是有了这种担当精神，中华儿女才会在国

① 易中天：《易中天中华史·奠基者》，浙江文艺出版社2016年版，第151页。
② 《鲁迅全集》第6卷，人民出版社2005年版，第122页。

家太平时居安思危,在国家危难时挺身而出,在危险面前毫不退缩,在艰难前面敢于向前,前赴后继,勇敢担起国家和民族的重担。

四是开拓创新精神。"苟日新,日日新,又日新。"(《礼记·大学》)几千年来,中华民族生生不息、发展壮大的历史,就是一部不断开拓创新的辉煌史。思想上诸子百家竞相争鸣,文学上唐诗、宋词、元曲、明清小说接续发展,科技上四大发明相继出现,外交上张骞凿空西域、郑和七下西洋,等等,都表现了中华民族的开拓创新精神。中国历史上,先后出现了商鞅变法、胡服骑射、北魏孝文帝汉化改革、王安石变法、张居正改革等变法维新,表现出中华民族强烈的开拓创新精神。近代以来,面对西方强势文明,中华民族发扬开拓创新精神,喊出了"穷则变,变则通,通则久"的口号,敢于变革陈旧落后的思想,敢于抛弃不合时宜的观念,以"天命不足畏,天道不足惧,祖宗不足法"的变革求新精神,从器物、制度、文化等方面进行了全方位的变革,终于再一次使中华民族凤凰涅槃般地屹立于世界民族之林。

上述这些中华优秀传统文化中的优秀精神,是中华民族几千年来始终能保持旺盛活力的精神之源。当前,实现中华民族伟大复兴的中国梦,全面建成社会主义现代化强国,仍需用中华优秀传统文化中的这些精神宝藏激发中华儿女自强不息、居安思危、勇于担当和开拓创新的精神。

二、借鉴启发价值

习近平指出:"要治理好今天的中国,需要对我国历史和传统文化有深入了解,也需要对我国古代治国理政的探索和智慧进行积极总结。"①中国历史悠久,积累了丰富的历史经验,形成了鲜明的发展理念,产生了深刻的治国理政智慧,这其中的优秀部分至今仍具有巨大价值,能够为今天中国的发展提供有益的借鉴启发。

(一)提供历史经验借鉴

"以史为镜,可以知兴替。"(《旧唐书·魏征传》)古今中外的政治家和思想家都非常重视从历史中汲取治国理政的经验教训。马克思恩格斯说:"我们仅仅知道一门唯一的科学,即历史科学。"②鲁迅也曾指出:"历史上都写着中国的灵魂,指示着将来的命运。"③中华民族历史悠久,在漫长的历史进程中,积累了丰富的历史经验教训,可资当代借鉴。

第一,借鉴成功经验。中国历史上创造过很多值得称道的盛世,如汉朝的"文景之治""汉武盛世",唐朝的"贞观之治""开元盛世",明朝的"永乐盛世""仁宣之治",清朝的"康乾盛世"等。这些时代,国家能够保持长期的社会稳定、政治清明、经济发展、百姓安居、民族和谐、文化繁荣,因此成为后世借鉴成功经验的典范。以"贞观之治"为例,《贞观政要》记载,当时社会"商旅野次,无复盗贼,囹圄常空。马牛布野,外户不闭。又频致丰稔,米斗三四钱"(《贞观政要·政体》)。"贞观之治"的成功经验主要有以下几点:一是以民为本,致力治国安邦。民安则国安,民富则国富,民强则国强,以民为本就抓住了治国安邦的关键,找到了富国强军的捷径。二是任贤纳谏,共图天下大治。历史学家范文澜指出:"纳谏

---

①　习近平:《牢记历史经验历史教训历史警示 为国家治理能力现代化提供有益借鉴》,《人民日报》2014年10月14日第1版。

②　《马克思恩格斯选集》第1卷,人民出版社2012年版,第146页。

③　《鲁迅全集》第3卷,人民文学出版社2005年版,第17页。

和用人是唐太宗取得政治成就的两个主要原因。"①三是修德遵法，促成安定和谐。修德和遵法是贞观年间社会治理层面的两种重要理念，如车之两轮、鸟之双翼，相互配合，相得益彰，共同促成了贞观年间社会安定和谐的局面。四是崇文尚学，推动持续发展。唐初摒弃了魏晋南北朝只重门第的选官制度，把学业优劣作为选人用人的主要标准，建立优待学子和重视学习的国家制度，还组织编写国家标准教材，从而为国家长治久安奠定了文化基础。实际上，历史上的这些盛世，其成功经验是类似的，这些成功经验对于今天的治国理政依然有着重要的借鉴价值。

　　第二，汲取失败教训。成功经验固然值得借鉴，失败教训更是值得汲取。恩格斯深刻指出："要获取明确的理论认识，最好的道路是从本身的错误中学习，'吃一堑，长一智'。"②纵观中国历史，有些朝代"其兴也勃焉，其亡也忽焉"，比如秦、隋；有些朝代盛世之后逐渐衰弱，比如汉唐；有些朝代文武失衡，比如宋代；有些朝代闭关自守，比如明清。总的来说，他们的失败有某些共性的教训，尤其值得后世引以为戒。其一，国家繁重的赋税徭役导致民不聊生。秦朝建立后修筑长城、阿房宫、骊山陵寝，大量征调戍卒守边，结果导致陈胜吴广揭竿而起，百姓应者云集。隋炀帝营建东都洛阳，开发大运河，在各地大修宫殿苑囿，三次征伐高丽，造成"天下死于役"的惨象，终于造成民变蜂起。其二，统治阶层的腐化导致执政能力下降。一个王朝建立之初，其统治阶层往往能够励精图治。而承平已久，统治阶层就逐渐变得腐化堕落，执政能力严重下降，

---

① 范文澜：《中国通史》第 3 卷，人民出版社 2004 年版，第 121 页。
② 《马克思恩格斯选集》第 4 卷，人民出版社 2012 年版，第 586 页。

导致国家政治腐败,社会矛盾激化。唐玄宗晚年怠慢朝政、宠信奸臣,统治阶层也腐化堕落,终于导致"安史之乱"。明末万历皇帝、天启皇帝贪图享乐,甚至长期不理朝政,致使明朝民生凋敝、日薄西山。其三,武备废弛严重而无法抵御外部入侵。清代初期八旗铁骑所向披靡,但长期安逸"忘战",武备废弛,到了晚清不仅法纪不严、作风不良,而且兵制僵化、武器落后,战斗力很弱,在与西方列强的抗衡中屡战屡败。以上的这些深刻的历史教训依然值得今天借鉴。

(二)提供发展理念启发

中华民族在长期的发展过程中,形成了极具民族特色、极为深刻博大的发展理念,对中华民族的发展壮大产生过极其重要的影响和作用,对于今天的治国理政仍具有重要启发意义。以下几个发展理念,尤其具有启发意义。

第一,"民惟邦本"的理念。"重民本"是中国古代治国理政思想的精华。早在《尚书·五子之歌》中,古人就记载了夏禹"民惟邦本,本固邦宁"的民本思想。总的来看,中国古代民本思想有以下几个层面内容:其一,把民心向背视为国家兴亡的关键。《左传》上说:"国将兴,听于民;将亡,听于神。"(《左传·庄公三十二年》)《管子》也认为:"政之所兴在顺民心,政之所废在逆民心。"(《管子·牧民》)其二,把造福民众作为国家施政的重点。孔子主张:"节用而爱人,使民以时。"(《论语·学而》)孟子主张实行"仁政",要"省刑罚,薄税敛",以达到"老者衣帛食肉,黎民不饥不寒"(《孟子·梁惠王上》)的目标。其三,把弱势群体作为国家关照的对象。从《礼记》"鳏寡孤独废疾者皆有所养"(《礼记·礼运》)的社会理想,到孟子对"天下之穷民而无告者"(《孟子·梁惠王下》)的特别关注,再到杜甫"安得广厦千万间,大庇天下寒士俱欢颜"(《茅屋为秋风所破歌》)的人文情怀,无不表现出对社会弱势群体的重点关照。虽然,历史上"重民本"的思想并不总能得到执行和贯彻,"民为贵,社稷次之,君为轻"(《孟子·尽心下》)的主张也往往流于口号,但这一思想毕竟得到了广泛认同,产生了积极影响。今天,我们既要从"民惟邦本"的理念中汲取思想精华,又要有所创新发展,在治国理政实践中坚持以人民为中心的发展思想,多谋民生之利,多解民生之忧,消除贫困现象,实现共同富裕。

第二,"德法合治"的理念。在如何治理国家的问题上,中国古代长期存在"德治"与"法治"之争,这尤其是先秦儒家和法家思想争论的焦点。儒家主张以"德"治国。孔子说:"为政以德,譬如北辰,居其所而众星共之。"(《论语·为政》)他还说:"道之以政,齐之以刑,民免而无耻;道之以德,齐之以礼,有耻且格。"(《论语·为政》)孔子认为,在治国问题上,"法"仅能治标,而"德"才能治本,应该把"德"作为治国理政的核心理念。对此,法家持反对态度,主张以"法"治国。韩非子说:"国无常强,无常弱。奉法者强则国强,奉法者弱则国弱。"(《韩非子·有度》)他认为国家只有依"法"而治,才能变得强盛,因此主张"明王峭其法而严其刑""不务德而务法"(《韩非子·显学》)。以"德"治国还是以"法"治国的争论在历史上深入而持久,但在历史实践中,"德法合治"实际上成为许多升平之世的治国原则。文景之治、贞观之治都是"霸王道杂之"(《汉书·元帝纪》),既注重"德"治,又注重"法"治,"德"与"法"有效结合。实际上,"德"治和"法"治是辩证统一关系。"夫礼禁未然之前,法施已然之后;法之所为用者易见,而礼之所为禁者难知。"(《史记·太史公自序》)"法"是硬性规定,督促人"不敢做"坏事;

"德"是柔性倡导,教化人"不愿做"坏事。没有"德"治,"法"治将难堪重负;没有"法"治,"德"治将失去保障。"德法合治"的理念启示我们,在治国理政中要处理好"法"治与"德"治的关系,既要推进全面依法治国,也应注重道德建设,打牢依法治国的道德基础。

第三,"法古革新"的理念。中国古代,在"德"与"法"之争的同时,也伴随着"古"与"新"之争。所谓"古"与"新"之争,就是在治国理政上的"法古"与"革新"之争。"法古"者认为:"遵先王之法而过者,未之有也。"(《孟子·离娄上》)主张:"利不百,不变法;功不十,不易器。法古无过,循礼无邪。"(《史记·商君列传》)与此相反,"革新"者则认为:"圣人不期修古,不法常可,论世之事,因为之备。"(《韩非子·五蠹》)主张:"苟日新,日日新,又日新。"(《礼记·大学》)在历史上,"古"与"新"之争不断发生,商鞅变法、胡服骑射、王安石变法、戊戌变法等历次变法都交织着这两种思想的斗争,深刻影响着历史的走向。商鞅变法、胡服骑射中"革新"理念占了上风,结果使秦国、赵国迅速变成军事强国。王安石变法、戊戌变法中"法古"思想占了上风,结果两次改革都最终失败,北宋王朝和清王朝也积弊难除、积重难返,最终走上王朝覆灭之路。总的来说,在中国历史上"法古"理念总是强于"革新"理念,这一情况一直持续到晚清。实际上,"法古"和"革新"与"古"和"新"一样,也是辩证统一关系。"法古"和"革新"不可偏废,好的传统要继承,坏的传统要革新。近代以来,"法古"派抱残守缺,阻碍了历史发展。而一些激进的"革新"派主张革除一切传统,"全盘西化",甚至要抛弃汉字,这也不利于历史发展。"法古革新"的理念启示我们,在治国理政中要处理好"法古"和"革新"的关系,既要勇于改革创新,又要坚守优良传统,善于从优良传统中汲取改革创新的智慧和营养。

（三）提供治国理政智慧

中国古代积累了很多治国理政智慧，虽然这些智慧主要是在封建专制制度下形成的，其中一些封建糟粕已经被历史证明具有巨大的危害性，但其中也有很多优秀内容对今天的治国理政具有很大的借鉴启发意义。下面列举三点加以分析。

第一，选人用人智慧。中国古代在选人用人方面积累了很多智慧，主要有以下几点。一是把人才视为国家强弱的关键。东汉王充在《论衡》中评论战国人才时说："六国之时，贤才之臣，入楚楚重，出齐齐轻，为赵赵完，叛魏魏丧。"（《论衡·效力》）战国时期，商鞅、苏秦、张仪、范雎、乐毅、李斯等人才的去留，确实很大程度上决定了一国的兴衰。所以，后世历代统治者都非常重视人才的选用。二是把"德"和"才"作为选人用人的标准。古代在选人用人时，把"德"和"才"作为重要的选择标准。在乱世，"才"往往是第一标准，比如春秋战国时期的吴起、苏秦、张仪等，品德一般而才华出众。在治世，"德"比"才"更受重视，如汉武帝"举贤良方正直言极谏者"，"贤良""方正""孝廉"等品德成为选拔的首要标准。北宋司马光主张："取士之道，当以德行为先。"（《续资治通鉴·宋纪七十九》）当然，选人用人的最高标准是"德才兼备"，唐代魏征就主张："才行俱兼，始可任用。"（《贞观政要·论择官》）三是把制度作为选人用人的方式。在选拔人才的制度上，先秦主要采用"世卿世禄"制度，汉代以后逐渐采用"察举"制，魏晋南北朝采用"九品中正制"，这些制度都有一定局限性。到了隋唐，开始实行科举制度，唐太宗认为这种制度使"天下英雄入吾彀中矣"（《唐摭言·述进士》），可见它所具有的优势。对于今天，选人用人依然是治国理政的重要内容,上述这些选人用人智慧依然具有借鉴意义。

第二,反腐倡廉智慧。我国古代积累了优秀的廉政文化,既有提倡廉洁的优秀思想,也有惩治贪腐的实践经验,是我们今天推进反腐倡廉建设的宝贵资源。一方面,注重廉政理念灌输。中国古代廉政理念内容丰富,主要有以下几点。一是"公而不私"。《礼记》上说:"大道之行也,天下为公,选贤与能,讲信修睦。故人不独亲其亲,不独子其子。"(《礼记·礼运》)强调为官从政要有公心,要爱民惠民。二是"正而不偏"。孔子说:"其身正,不令而行;其身不正,虽令不从。"(《论语·子路》)为官者只有从自身做起,才能以上率下、政令畅通。三是"清而不浊"。《广雅》上说:"廉,清也。"清清白白做官,是廉政的题中应有之义。四是"俭而不奢"。《左传》上说:"俭,德之共也;侈,恶之大也。"(《左传·庄公二十四年》)生活奢侈的官员,很难做到廉洁从政。通过上述廉政理念的灌输,能够一定程度上防止腐败。另一方面,建立反腐促廉机制。为了实现廉政,中国古人还设计了一套行之有效的制度。据《周礼》记载,中国早在周代便设有治贪促廉的监察官,秦汉以来历朝历代都设有相应的监察机构,形成了较为完备的监察制度。这些监察机构独立性强、地位崇高、权力巨大,虽有很大局限,但一定程度上对各级官员形成震慑,减少了贪腐行为,促进了政治清明。当前,我国反腐倡廉取得很大成就,但反腐形势依然严峻。借鉴古代反腐倡廉智慧,有利于筑牢拒腐防变的思想道德防线,加强反腐倡廉制度建设,提高拒腐防变能力。

第三,为官从政智慧。中国历史上积累了很多为官从政的智慧,其中也不乏对今天有启发意义的智慧。一是修身为本。儒家经典《大学》强调:"物格而后知至,知至而后意诚,意诚而后心正,心正而后身修,身修而后家齐,家齐而后国治,国治而后天下平。"（《礼记·大学》）"格物""致知""诚意""正心"这些都属于"修身"范畴,它们是"齐家""治国""平天下"的基础。"自天子以至于庶人,壹是皆以修身为本。"（《礼记·大学》）"修身"包括知识的学习,才能的修炼,更重要的是道德的修炼。二是忠于职守。孔子说:"陈力就列,不能者止。"（《论语·季氏》）又说:"不在其位,不谋其政。"（《论语·泰伯》）这就是强调为官从政要忠于职守,既不能"缺位",也不能"越位"。汉文帝时期丞相陈平"不知钱谷之数",受到后世赞赏;蜀汉丞相诸葛亮事无巨细、亲力亲为,受到后世訾议。原因就是陈平能够忠于职守不"越位",而诸葛亮则"越位"太多。三是谦虚谨慎。《左传》记载了有名的"正考父鼎铭",上面说:"一命而偻,再命而伛,三命而俯,循墙而走,亦莫余敢侮。"（《左传·昭公七年》）这段话赞赏正考父官职虽然步步上升,但态度却愈加谦虚谨慎。老子说:"知足不辱,知止不殆,可以长久。"（《道德经》第四十四章）历史上很多为官从政者因谦虚谨慎而善始善终,因骄奢淫逸而身败名裂。中国古代为官从政智慧内容非常丰富,上面仅列举了几个要点。这些智慧所体现出的正能量,与现代政治文明的要求并不违背,具有永恒的借鉴价值。

三、德育教化价值

改革开放以来,我国在物质文明和精神文明建设方面都取得了巨大成就。但相比而言,精神文明建设相对滞后。"一些领域存在道德失范、诚信缺失现象。"[1]在社会某些领域,拜金主义、享乐主

---

① 胡锦涛:《坚定不移沿着中国特色社会主义道路前进 为全面建成小康社会而奋斗》,人民出版社 2012 年版,第 5 页。

义、以权谋私、见利忘义、损人利己、人情冷漠等不良现象广泛存在,从而制约了经济社会持续健康发展。邓小平指出:"不加强精神文明的建设,物质文明的建设也要受破坏,走弯路。光靠物质条件,我们的革命和建设都不可能胜利。"①加强精神文明建设,提高全民族道德素质,在全社会培育和践行社会主义核心价值观,是一项重要而紧迫的任务。中华民族历史上形成了许多宝贵的德育教化资源,积累了丰富的道德教化经验,在今天依然能够发挥巨大价值。

(一)提供德育教化资源

中国传统德育教化资源是中华优秀传统文化的重要组成部分,它既包括中华传统美德提倡的道德规范,也包括践行这些道德规范的道德典范。

第一,中华传统美德。中华民族是一个崇尚道德的民族,伦理道德在传统文化中占据至高无上地位。《左传》提出了"三不朽"说,即"太上有立德,其次有立功,其次有立言,虽久不废,此谓三不朽"(《左传·襄公二十四年》),把"立德"放在"三不朽"的首位。孔子说:"为政以德,譬如北辰,居其所而众星共之。"(《论语·为政》)把"德"放在"为政"的中心位置。孟子认为"人之有道也,饱食、暖衣、逸居而无教,则近于禽兽"(《孟子·滕文公上》),把道德教化视为人与动物的根本区别。正因为如此重视道德,所以中国古人提出和形成了内容丰富、体系完备的道德规范。如儒家提出的仁、义、忠、诚、孝、悌、慈、敬等,以及后来形成的"三纲""五常""三从""四德"等。这些传统道德规范中虽然有很多糟粕,但主流

---

① 《邓小平文选》第 3 卷,人民出版社 1993 年版,第 144 页。

是中华民族的传统美德。这些传统美德是中华优秀传统文化的精髓,有着深远的历史积淀和深厚的民意基础,是中国老百姓几千年来认可、赞同、习惯了的道德规范,因此它们在古代曾发挥过重要作用。当前,我们倡导社会主义核心价值观,从某种程度上说它是对中华传统美德的当代升华,是传统美德与时代精神的有机结合。因此,我们在培育和践行社会主义核心价值观的过程中,要注重用中华传统美德滋润心灵、教化大众。

第二,传统道德典范。孔子说:"见贤思齐焉,见不贤而内自省也。"(《论语·里仁》)榜样的力量是无穷的。我国历来重视榜样教育,把一些道德典范作为"见贤思齐"的榜样,培养人的品格,引导人的行为。中国古代经典《三字经》善于用道德典范进行道德教育,把"香九龄,能温席","融四岁,能让梨","如囊萤,如映雪"等优秀榜样或优秀事迹作为儿童效仿学习的对象。《二十四孝》用二十四个孝子的孝亲故事,培育孩子的孝心孝行,这些孝子也成为古代人民群众耳熟能详、赞扬学习的道德模范。用今天的道德标准来衡量,中国古代树立的许多"忠臣""孝子""烈女"已经失去了作为榜样的价值。但在中国历史上,许多践行中华传统美德的典范,他们的高尚品格和崇高行为具有永不褪色的价值。以"爱国"为例,屈原、霍去病、苏武、花木兰、范仲淹、岳飞、文天祥、于谦、袁崇焕、林则徐、邓世昌等,他们的爱国精神和爱国事迹依然可以成为今天爱国主义教育的优秀榜样。在道德榜样的高尚人格和事迹中,什么是真善美,什么是假恶丑;什么值得肯定赞扬,什么需要反对否定;什么应该做,应该怎样做,什么不该做,都生动具体地显现出来。习近平指出:"榜样的力量是无穷的。大家要把他们立为心中的标杆,向他们看齐,像他们那样追求美好的思想品德。"①有了这些榜样,社会主义核心价值观就由抽象枯燥变得生动具体,就容易在"润物细无声"中内化于心,外化于行。

(二)提供德育教化经验

中华民族自古以来就非常重视道德教育。早在夏商周三代,政府就开设了"校""序""庠"等官方教育机构,进行知识教育和道德教育。春秋战国时期,孔子主张"有教无类"(《论语·卫灵公》),对人民既要"富之",更要"教之"。孟子也主张统治者在解决了人民温饱之后,进行道德教育,"谨庠序之教,申之以孝悌之义"(《孟子·梁惠王上》)。秦汉以来,历朝历代虽然主张的道德内容不同,但都重视道德教育,视德教为立国之本。几千年来,中华民族积累了非常丰富的德教理论和实践经验,探索了许多行之有效的德教方法,对于今天的道德建设具有很好的启发意义。

中国传统德教具有鲜明特色,以下几种德教方法值得今天借鉴。一是循序渐进的方法。中国古人已经认识到,人的道德教育是一个循序渐进的过程,不能一蹴而就。古人注重道德教育的阶段性和连续性,儿童道德教育从简单的《三字经》《弟子规》开始,随着年龄的成长逐渐转入《四书五经》的道德教育,有一个循序渐进、逐渐深入的过程。鲁迅在《从百草园到三味书屋》一文中回忆童年教育时说:"我就只读书,正午习字,晚上对课。先生最初这几天对我很严厉,后来却好起来了,不过给我读的书渐渐加多,对课也渐渐地加上字去,从三言到五言,终于到七言。"这段回忆,生动形象地描述了中国古代循序渐进的教育方法。二是循循善诱的方法。

---

① 习近平:《从小积极培育和践行社会主义核心价值观——在北京市海淀区民族小学主持召开座谈会时的讲话》,《人民日报》2014年5月31日第2版。

《论语》上说:"夫子循循然善诱人,博我以文,约我以礼。"(《论语·子罕》)循循善诱的教育方法不仅注重教育的次序,更注重教育的效果。"善诱"强调教育的启发性和趣味性,用深入浅出、寓教于乐的教育方法,把枯燥深奥的道德规范变成受教育者爱学乐学的生动内容。三是家庭教育的方法。中国古人非常重视家庭教育,把家教作为道德教育的重要手段。中国古代留下了许多家训,著名的有诸葛亮的《诫子书》、颜之推的《颜氏家训》、司马光的《温公家范》、朱柏庐的《朱子家训》、曾国藩的《家书》等,对中国古代的家庭教育影响很大。在家庭教育下,形成良好家风,这既是家庭教育的结果,也是家庭教育的环境。习近平指出:"注重家庭、注重家教、注重家风,紧密结合培育和弘扬社会主义核心价值观,发扬光大中华民族传统家庭美德,促进家庭和睦。"[①]中国传统家庭美德和家庭教育方法,值得今天人们学习借鉴。

中国今天的教育出现了一些不好的倾向,如注重知识教育而轻视道德教育,注重道德灌输而轻视柔性教化,注重学校教育而轻视家庭社会教育,等等。这些偏差造成了诸如学历高而道德低、能力强而道德弱的扭曲现象。中国传统道德教育中形成的注重循序渐进、循循善诱、家训家风的教育方法,是古人在长期教育实践中探索出来的行之有效的方法,能给我们今天的道德教育以有益启发。

四、审美娱乐价值

在中华优秀传统文化中,传统文学艺术作品不仅数量大,而且

---

① 习近平:《在 2015 年春节团拜会上的讲话》,《人民日报》2015 年 2 月 18 日第 2 版。

质量高,是中华民族的文艺瑰宝。从内容上说,传统文艺不仅包括古代诗歌、散文、小说、戏剧等文学作品和绘画、书法、建筑、雕刻、音乐等艺术作品,还包括历史、哲学等方面的作品。《左传》《史记》等历史著作,《孟子》《庄子》等哲学著作,都具有很强的艺术性。孔子说:"《诗》可以兴,可以观,可以群,可以怨;迩之事父,远之事君;多识于鸟兽草木之名。"(《论语·阳货》)文学艺术具有认识功能、教育功能、补偿功能、交际功能等多重功能,但最根本、最主要的还是审美娱乐功能。文艺作品的审美娱乐价值,既包括直接的丰富精神生活的价值,也包括间接的提升精神品格的价值。中国传统文学艺术,对于今天依然具有这两个方面的巨大价值。

(一)丰富精神生活

人类的生活包括物质生活和精神生活,人类的需要也包括物质需要和精神需要。人要满足衣食住行等生理需要,必须创造和消费物质财富。同样,人要满足精神需要,也必须创造和消费精神财富。文学艺术可能是人类最早产生、最为重要的精神财富种类之一,它通过特有的美感满足人类的精神需要,丰富人类的精神生活。鲁迅认为:"由纯文学上言之,则以一切美术之本质,皆在使观听之人,为之兴感怡悦。"①中国传统文学艺术,因其独特的艺术魅力,能够使人"兴感怡悦",能够丰富人们的精神生活。今天,它依然可以通过娱乐、补偿、纾解等审美方式,缓解人们精神上的空虚、缺憾、郁闷等负面情绪,从而丰富我们的精神生活。

第一,愉悦。艺术最直接的功能就是娱乐功能,任何艺术(包括严肃的艺术)都可以愉悦人的精神世界。艺术之所以具有娱乐

---

① 《鲁迅全集》第 1 卷,人民文学出版社 2005 年版,第 73 页。

功能,是因为艺术的产生与游戏有着密切关系。美学家朱光潜认为:"艺术的雏形就是游戏。"①艺术发源于游戏,人们创造艺术的最初目的就是愉悦精神。中国传统的文学、音乐、舞蹈等作品,具有很强的娱乐成分。《论语》记载:"子在齐闻《韶》,三月不知肉味,曰:'不图为乐之至于斯也。'"(《论语·述而》)音乐给孔子带来了极大的精神愉悦。据记载,宋代文人苏舜钦每次阅读《汉书》就非常愉悦,留下了"《汉书》下酒"的美谈,这里也可以看出中国历史著作中蕴藏了无穷趣味。中国传统的文艺作品,如唐诗宋词元曲等诗歌、四大名著等小说、《史记》《汉书》等历史著作、《庄子》《孟子》等哲学著作,对于今天依然具有很强的娱乐价值。

第二,补偿。人类的生活经常受到各种局限,如时间局限、空间局限、情感局限、地位局限等。因为这些局限,人的生活是不完美、有缺憾的。这种缺憾可以通过文艺得到一定程度的补偿。中国传统文学艺术能够丰富人的精神生活,其中一个重要表现就是它可以在一定程度上补偿人的这些缺憾。例如,针对人的时间局限,传统文艺中有大量表现历史事件、历史人物和历史生活的作品,它们"通古今之变",人们可以从中找到回归历史的感觉。针对人的空间局限,传统文艺中有大量描绘中国名山大川的作品,它们纵横万里,使人有身临其境之感;针对人的情感局限,传统文艺中有大量表现人喜怒哀乐、爱恨情仇的作品,人们可以在这些作品中体会到各种情感,从而得到精神的慰藉;针对人的地位局限,传统文艺中描写了各种人的人生,人们可以从中体会各种人的生活苦乐。所以,中国传统文艺在今天依然具有很强的补偿价值。

① 朱光潜:《谈美》,中华书局 2010 年版,第 62 页。

第三,纾解。文艺除了愉悦人的精神、补偿人的缺憾之外,还可以纾解人的郁闷。人类生活中会遇到各种各样的曲折坎坷,会积累诸如阴郁、苦闷、焦虑等情绪,这些情绪可以在欣赏文艺作品过程中得到纾解。唐代诗人白居易在《琵琶行》中记载,他谪居期间欣赏了一曲琵琶,从而得到了精神上的纾解。他在诗中写道:"凄凄不似向前声,满座重闻皆掩泣。座中泣下谁最多?江州司马青衫湿。"诗人的郁闷情绪,在欣赏琵琶曲的过程中,乃至泪湿青衫之后,得到了一定程度的纾解。宋代欧阳修在《送杨寘序》中记载:"予尝有幽忧之疾,退而闲居,不能治也。既而学琴于友人孙道滋,受宫声数引,久而乐之,不知其疾之在体也。"这也是通过欣赏文艺作品而纾解"幽忧之疾"的例证。中国传统文艺作品内容丰富、情感充沛,很多都可以作为纾解郁闷情绪的精神良药。

(二)提升精神品格

艺术的审美价值,除直接丰富人的精神生活外,还可以提升人的精神品格。鲁迅认为,艺术可以"美善吾人之性情,崇大吾人之思想"[1]。朱光潜说:"凡是第一流的艺术作品大半没有道德目的而有道德影响,荷马史诗、希腊悲剧以及中国第一流的抒情诗都可以为证。它们或是安慰情感,或是启发性灵,或是洗涤胸襟,或是表现对于人生的深广关照。一个人在真正欣赏过它们以后,与在未读它们以前,思想气质不能是完全一样的。"[2]朱光潜所说的"思想气质"发生的变化,就是人精神品格的提升。中国传统文艺作品,特别是朱光潜所说的"第一流的艺术作品",可以净化人的心灵,陶冶人的情操,提高人的品位,从而提升人的精神品格。

① 《鲁迅全集》第1卷,人民文学出版社2005年版,第71页。
② 《朱光潜全集》第1卷,安徽教育出版社1992年版,第319页。

第一,净化心灵。人的心灵里不仅有真善美,也有假恶丑,艺术具有净化心灵的功能。亚里士多德认为,悲剧"通过引发怜悯和恐惧使这些情感得到疏泄"[1]。"疏泄"又译为"净化",因此悲剧的这种功能被称为"净化"功能。艺术的作用犹如以水洗物,可以通过审美活动洗涤心灵上的狭隘、自私、虚荣、骄傲、仇恨、怯懦、贪婪、暴戾、嫉妒等肮脏的东西。中国传统文艺自然也具有这种功能,可以净化人的心灵。比如,我们可以从孟子"富贵不能淫,贫贱不能移,威武不能屈"的高洁中,净化心灵中的贪婪;从杜甫"安得广厦千万间,大庇天下寒士俱欢颜"的博爱中,净化心灵中的自私;从文天祥"人生自古谁无死,留取丹心照汗青"的义勇中,净化心灵中的怯懦。中国传统文艺蕴含着高洁、仁爱、义勇、忠诚、执着等正能量,可以发挥净化心灵的价值。

第二,陶冶情操。艺术在净化心灵的基础上,又具有陶冶情操的功能。它通过艺术美对人的刺激,如烧制陶器、冶炼金属一般,激发人的某种情感,使人具有相应的操守。中国传统文艺强调"文以载道",主张用艺术承载道义,达到思想性与艺术性的有机结合。这样的文艺作品,自然具有陶冶情操的功能。人们欣赏传统文艺的过程,也是陶冶情操的过程。以阅读传统文学作品为例,阅读苏轼的诗词文赋,我们会被他乐观豁达的性格打动,从而陶冶追求旷达的情操;阅读《红楼梦》,我们会被林黛玉、贾宝玉之间的纯美爱情感染,从而陶冶追求真爱的情操;阅读《水浒传》,我们会被鲁达、武松等好汉的侠义之举打动,从而陶冶追求正义的情操。这就是传统文艺陶冶情操的价值。

---

[1]　亚里士多德:《诗学》,陈中梅译,商务印书馆 2009 年版,第 63 页。

第三，提高品位。艺术的审美功能，还体现在提高人的品位上。中国传统文艺具有这样的功能。首先，欣赏传统文艺可以提高人的审美品位。中国传统文艺作品数量多、质量高，我们欣赏这些作品，可以提高审美品位，提升审美素养。欣赏传统文艺作品，对于文艺创造者，可以提高创造美的能力，从而创造出更好的作品；对于文艺欣赏者，可以提高欣赏美的能力，从而获得更多的审美体验。其次，欣赏传统文艺可以提高人的精神品位。在欣赏传统文艺作品的过程中，人们欣赏美辨别美的能力提高的同时，会带来人精神品位的提高。例如，阅读《红楼梦》，一个人的审美品位会得到提升，同时其性情也可能会受到感染，从粗俗而变得雅致，从野蛮而变得文明，从卑鄙而变得高尚，从而精神品位得到提高。

五、文化产业价值

随着知识和科技对经济社会发展的影响日益深入，文化与经济出现加快融合的趋势，文化产业作为一个向阳产业蓬勃发展。21 世纪以来，世界上主要大国都非常重视文化产业的发展，已成为国家间竞争的新领域。有数据显示："目前文化产业占 GDP（国内生产总值）的比重，美国是 30% 左右，日本是 12% 左右，印度是 6% 左右，而我国却不到 4%。不大不强，是中国文化产业的现状。"[1]从这个数据看出，与世界文化产业强国相比，我国文化产业处于落后地位。近年来，我国非常重视文化产业发展，党的十八大报告提出了"文化产业成为国民经济支柱性产业"[2]的发展目标，《国民经济

---

① 《探寻现代文化强国之路》，《光明日报》2014 年 3 月 14 日第 8 版。
② 《十八以来重要文献选编》（上），中央文献出版社 2014 年版，第 14 页。

和社会发展第十三个五年规划纲要》做出了"加快发展现代文化产业"①规划部署,党的十九大报告再次强调要"推动文化事业和文化产业发展"②。中华优秀传统文化博大精深,与文化产业相辅相成、相得益彰,一方面文化产业的发展有利于中华优秀传统文化的传承和弘扬,另一方面中华优秀传统文化的优秀资源对于文化产业的发展也具有重要价值。

(一)为文化生产提供丰富的文化资源

文化产业的发展,离不开优秀的文化资源。在文化资源中,历史文化资源是极为重要的资源。一些历史悠久的欧洲国家,如英国、法国、意大利等,其历史文化资源在其文化产业中都占有十分重要的地位。中国作为历史文化悠久的大国,历史文化资源非常丰富,这是我国文化产业发展所具有的得天独厚的优越条件。我国有丰富的历史文化资源,以下文化产业能够提供优秀的文化资源。

第一,影视业。有数据显示,2016 年全国电影总票房已达457.12亿元,同比增长 3.73%。③ 另有数据显示,我国电视剧市场规模达到 882 亿元。④ 在热播的电影和电视剧中,历史文化题材的作品占据很大比重。事实上,中华优秀传统文化中的丰富内容,如著名历史事件和历史人物、元杂剧、明清小说和戏剧、民间故事传说等,都可以成为影视业的优秀素材。近年来,历史题材的电视剧

---

① 《中华人民共和国国民经济和社会发展第十三个五年规划纲要》,《人民日报》2016 年 3 月 18 日第 1 版。
② 习近平:《决胜全面建成小康社会 夺取新时代中国特色社会主义伟大胜利——在中国共产党第十九次全国代表大会上的报告》,人民出版社 2017 年版,第 43 页。
③ 《2016 年中国电影票房 457.12 亿元》,《中国新闻出版广电报》2017 年 1 月 3 日第 1 版。
④ 《我国电视剧市场规模达 882 亿元》,《中国新闻出版广电报》2016 年 9 月 2 日第 1 版。

《大秦帝国》《汉武大帝》《大明王朝》《雍正王朝》等,改编自小说名著的《红楼梦》《三国演义》《水浒传》《西游记》等,以传统文化为素材的《舌尖上的中国》《故宫》等,都取得了很好的经济效益和社会效益。

第二,文化旅游业。随着人们生活水平的提高和文化层次的提升,文化旅游在旅游业中的地位越来越重要。中国丰富的历史文化资源,可以给文化旅游产业提供重要支撑。截至 2017 年,中国世界遗产数达到 52 处,其中文化遗产 36 处,世界自然与文化双重遗产 4 处,数量位居世界前列,这其中包括长城、故宫、颐和园、敦煌莫高窟、秦始皇陵及兵马俑坑、布达拉宫、龙门石窟、云冈石窟、丽江古城、丝绸之路、中国大运河等世界知名文化遗产。除了这些世界级的文化遗产,中国各地历史遗迹、历史古迹更是数不胜数。这些文化遗产如果得到充分发掘利用,必将大大促进文化旅游业的发展。

第三,新闻出版业。近几年,我国新闻出版产业营收持续增长,2015 年,全国出版、印刷和发行服务实现营业收入 21655.9 亿元,其中印刷复制、数字出版和出版物发行营收占比最多,数字出版业增长尤其迅速。① 中华优秀传统文化的丰富资源,可以为新闻出版产业提供源源不断的优秀素材。另外,对于动画、游戏、教育培训等文化产业,中华优秀传统文化都可以提供大量文化资源。

中国虽然是历史文化资源大国,但开发和利用还非常不足。更有中国传统历史文化资源被其他国家利用的情况,如"花木兰""功夫"等中国传统文化元素被拍成电影《花木兰》《功夫熊猫》等

---

① 《新闻出版产业营收破 2.1 万亿元》,《中国新闻出版广电报》2016 年 8 月 9 日第 1 版。

好莱坞电影,《西游记》《水浒传》《三国志》等中国古典名著被日本游戏公司抢注为游戏商标,源于中国的端午节的韩国"江陵端午祭"申遗成功,等等。这些现象充分说明中华优秀传统文化完全可以成为文化产业的优秀资源,同时也提醒我们要重视中华优秀传统文化在文化产业发展中的重要地位。

(二)为文化消费拓展强大的市场需求

文化产业的发展与消费者的文化需求数量和需求层次密切相关。一般来说,影响文化需求的因素包括消费者收入、消费者喜好、文化产品质量等几个方面。随着人们收入水平的提高,文化产品的消费占比将逐渐加大,文化消费总量也将大幅提升。与此同时,我国消费者受教育程度越来越高,这也将提升文化消费的层次。中华优秀传统文化不仅能够为文化产品的生产提供丰富的文化资源,而且可以为文化产品的消费拓展出强大的市场需求。

第一,中华优秀传统文化提升文化产品的市场需求。20世纪80年代以来,"传统文化热""国学热"持续升温,中华优秀传统文化与文化产业交融日益紧密,这极大提升了消费者对文化产品的需求。一是提升文化产品的质量。"问渠那得清如许,为有源头活水来。"中华优秀传统文化为文化产业提供了大量优质资源,直接提升了文化产品的质量,从而提升了文化产品在消费者心中的形象。比如古典小说改编成的影视作品,成为文化产业中的精品,大大提升了文化产品的形象。二是刺激消费者的文化需求。改革开放以来,我国民众受教育程度逐渐提升,特别是中华优秀传统文化教育持续加强,激起了民众对文化产品的兴趣,这就大大刺激了消费者对文化产品的需求。三是提高消费者的文化品位。中华优秀传统文化数量大、质量高,人们在传承和弘扬中华优秀传统文化过程中提升了文化素养,提高了欣赏文化产品的能力,从而提高了对文化产品的需求。事实表明,中华优秀传统文化作为文化产品的重要元素,促进了文化市场的繁荣。

第二,中华优秀传统文化拓展中国文化产业的世界市场。有学者曾指出我国文化产业发展中的一个尴尬现象:"越来越多的中国企业挺进世界五百强,我们的文化企业却拿不出一个名扬世界的品牌;当美国大片、日本动漫、韩国电视剧攻占中国市场时,我们的文化产品走出去却始终步履维艰。"[1]这一尴尬现象说明了我国文化产业在世界上的弱势地位。产生这一现象的原因,是中国文化产品数量多、质量不高,无法赢得世界其他国家消费者的青睐。改变这一尴尬现象,必须提高文化产品质量,改善文化产品形象。以电影为例,荣获第73届奥斯卡最佳外语片奖的中国古装电影《卧虎藏龙》,以中国元素为主要题材的好莱坞动画片《花木兰》和《功夫熊猫》系列,一定程度上为中华文化赢得了声誉,也为中国文化产业拓展了市场。推动中华优秀传统文化走出国门,走向世界,让世界人民体会到中华优秀传统文化的独特魅力和迷人风采,将提升中国文化产品在世界上的影响力和吸引力,为中国文化产业拓展出广阔的世界市场。

六、世界和平发展价值

中华优秀传统文化既属于中国,也属于世界;既具有中国价值,也具有世界价值。一方面,当今世界人类面临许多突出难题,经济增长乏力、地区发展不均、局部战争不断、恐怖主义肆虐、生态

---

[1] 《探寻现代文化强国之路》,《光明日报》2014年3月14日第8版。

环境恶化等问题严重威胁着世界的和平与发展,中华优秀传统文化有助于这些问题的解决。另一方面,中华优秀传统文化富有民族特色,具有无穷魅力,是人类文化的优秀部分,能给世界其他国家的人民带来精神的享受。

(一)以和为贵的发展理念

在如何实现发展的问题上,世界历史上曾产生过两种相反的发展理念:“争”的发展理念与“和”的发展理念。历史上,许多国家和民族通过“争”的方式实现富强,特别是 15 世纪以来,一些西方国家通过掠夺、战争的方式谋求国家发展,给人类带来了深重灾难,中国也曾深受其害。当今世界,局部战争不断,地区冲突频发,世界大战的危险仍在,其根源是一些国家和民族根深蒂固的“争”的发展理念。同时,人与人之“争”,人与自然之“争”,造成了个人主义恶性膨胀、生态环境严重破坏等人类难题。

与“争”的发展理念相反,中国古人主要选择了以和为贵的发展理念。《论语》上说:“礼之用,和为贵。先王之道,斯为美,小大由之。”(《论语·学而》)《周礼》上也说:“以和邦国,以统百官,以谐万民。”(《周礼·天官·大宰》)“和”在中华优秀传统文化中占有重要地位。以和为贵的发展理念包括两个方面:一是对内追求和谐发展,包括追求人与自身和谐、人与人和谐、人与社会和谐及人与自然和谐。中国古人强调:“和也者,天下之达道也。”“致中和,天地位焉,万物育焉。”(《礼记·中庸》)“不违农时,谷不可胜食也;数罟不入洿池,鱼鳖不可胜食也;斧斤以时入山林,材木不可胜用也。”(《孟子·梁惠王上》)这些都可以反映出中国古代追求和谐的思想。二是对外追求和平发展。中国古代在谋求国家发展、处理国际关系时主张采取和平方式。中国古人认为“以力服人者,非心服也,力不赡也;以德服人者,中心悦而诚服也"(《孟子·公孙丑上》),提倡"远人不服,则修文德以来之"(《论语·季氏》)。汉唐通过"和亲"加强与邻邦的友好关系,明代郑和七下西洋对沿途国家秋毫无犯,都充分说明了中华民族以和为贵的发展理念。

中国以和为贵的发展理念得到了世界一些著名学者的认可和重视。英国哲学家罗素认为,欧洲人的生活方式"要求奋斗、掠夺、无休止的变化,以及不满足与破坏","中国人发现了并且已经实践了数个世纪之久的一种生活方式,如果能够被全世界所接受,则将使全世界得到幸福"。① 1988 年全球 75 位诺贝尔奖获得者在法国巴黎发表宣言:"如果人类要在 21 世纪生存下去,必须回到 2500 年前去汲取孔子的智慧。"②当今世界科学技术越来越发达,武器装备也越来越先进,战争已是人类不能承受之重,中国以和为贵的发展理念正是解决冲突、消弭战火、预防战争的思想良方。

(二)公平正义的价值追求

西方有句名言:"没有永远的朋友,只有永恒的利益。"这句话被西方人奉为处理人际关系、国际关系的圭臬。历史学家司马迁说:"利诚乱之始也。"(《史记·孟子荀卿列传》)唯利是图的价值追求,是人类历史上许多问题产生的重要原因。当今世界,诸如恐怖主义、局部战争、贫富不均、生态破坏等问题,都可以视为唯利是图价值追求的结果。解决这些难题,必须转变唯利是图的价值追求。中华优秀传统文化中公平正义的价值追求,正确处理了"利

---

① 何兆武、柳御林:《中国印象:外国名人论中国文化》,中国人民大学出版社 2011 年版,第358 页。
② 陈湘安:《文化法则与文明定律:中华文明复兴的千年机遇》,中国友谊出版公司 2013 年版,第318 页。

益"与"公平""正义"的关系,能给解决当前许多人类难题以重要启发。

在追求正义方面,中华民族表现出先义后利、义利兼顾的价值取向。一是反对见利忘义。孔子说:"不义而富且贵,于我如浮云。"(《论语·述而》)荀子说:"先义而后利者荣,先利而后义者辱。"(《荀子·荣辱》)都是反对见利忘义,主张见利思义。二是主张以义为利。《左传》上说:"义,利之本也。"(《左传·昭公十年》)《大学》也指出:"国不以利为利,以义为利也。"(《礼记·大学》)把"义"看作最大的"利",最根本的"利"。三是提倡义利兼顾。清代颜元批评"义"与"利"分裂对立的偏见,提出了"正其谊以谋其利,明其道而计其功"(《四书正误》卷一)命题,将"义"与"利"有机统一起来。

在追求公平方面,中华民族主张公而不私、正而不偏。中国古代对"公"和"正"非常重视,甚至把它们上升到关系国家兴亡的高度。关于"公",荀子说:"公生明,偏生暗。"(《荀子·不苟》)苏轼说:"治国莫先于公。"(《司马温公行状》)程颢、程颐也强调:"一心可以丧邦,一心可以兴邦,只在公私之间尔。"(《二程集河南程氏遗书·卷第十一》)关于"正",孔子说:"政者,正也。"(《论语·颜渊》)"其身正,不令而行;其不正,虽令不从。"(《论语·子路》)孟子也说:"行有不得者,皆反求诸己,其身正而天下归之。"(《孟子·离娄上》)中国古代对"公正"的追求,鲜明体现在"大同"社会理想中。《礼记·礼运》记载:"大道之行也,天下为公。选贤与能,讲信修睦,故人不独亲其亲,不独子其子,使老有所终,壮有所用,幼有所长,鳏寡孤独废疾者,皆有所养。""大同"社会是一个百姓丰衣足食、安居乐业的社会,更是一个人人平等、公平正义的社会。

追求公平正义并不否定利益,而是正当处理"公平"与"利益"、"正义"与"利益"的关系,从而"兴天下之利,除天下之害"(《墨子·非攻下》)。近年来,在处理国际关系问题上,习近平多次强调要践行"正确义利观",指出:"要找到利益的共同点和交汇点,坚持正确义利观,有原则、讲情谊、讲道义,多向发展中国家提供力所能及的帮助。"①"中国坚持国家不分大小、强弱、贫富一律平等,秉持公道、伸张正义,反对以大欺小、以强凌弱、以富压贫。"②"正确义利观"正是中华优秀传统文化中的重要内容,对当代人类正确处理"义"与"利"的关系,解决人类难题都具有重要的启示意义。

(三)辩证综合的思维方式

国学大师季羡林认为,几百年来西方文化产生许多弊端,如环境污染、生态破坏、人口爆炸、疾病丛生、资源匮乏等等。如果这些问题得不到纠正,人类前途将岌岌可危。他指出:"弊端产生的根源,与西方文化的分析的思维方式有紧密联系。"③"西方形而上学的分析已经走到尽头,而东方寻求整体的综合必将取而代之。"④许多学者认同这种看法,认为中国注重辩证综合的思维方式有利于解决人类面临的许多难题。

中西思维方式各有特点。一般认为,西方注重逻辑分析,中国更注重辩证综合,表现为重整体、讲辩证、尚体悟的思维特点。逻辑分析的方法对人类文明,特别是科技文明做出了巨大贡献,并仍是当代最重要的思维方式之一。中国辩证综合的思维方式虽然被

---

① 《习近平谈治国理政》,外文出版社 2014 年版,第 299 页。
② 《习近平谈治国理政》,外文出版社 2014 年版,第 306 页。
③ 季羡林:《三十年河东 三十年河西》,当代中国出版社 2006 年版,第 27 页。
④ 季羡林:《三十年河东 三十年河西》,当代中国出版社 2006 年版,第 14 页。

认为是中国明清以来科技落后的重要原因，但在解决当代人类难题方面也有一定优势。一是注重从整体看局部，把万事万物看成紧密联系的整体，从而主张从局部现象观察整体问题，从整体角度解决局部问题。二是注重以辩证促平衡，认为万事万物都体现着对立统一，只有辩证把握这些对立统一，不走极端，才能保持平衡，达到和谐。比如针对生态环境问题，《吕氏春秋·义赏》上说："竭泽而渔，岂不获得？而明年无鱼。焚薮而田，岂不获得？而明年无兽。"这就是把眼前利益和长远利益辩证统一起来，以辩证的方式促进平衡。现代人类以"竭泽而渔""焚薮而田"的方式消耗地球资源，必然造成生态环境的破坏。

当代人类遇到的一些难题，如恐怖主义愈演愈烈、贫富差距持续拉大、生态环境严重破坏等问题，它们的产生原因非常复杂，如果用中国辩证综合的思维方式，有利于找出合理的解决方案。比如针对恐怖主义，"911"恐怖袭击事件之后，西方国家主要通过加强安保措施、打击恐怖主义策源地等方法来解决恐怖主义。但从效果看，近年来美国、英国、法国等欧美国家恐怖袭击事件层出不穷，给西方世界带来极大烦恼。如果用中国辩证综合的思维方式看，西方国家解决恐怖主义的方法犹如"扬汤止沸"，治标而不治本。恐怖主义产生的深层原因是民族间的利益冲突和文化冲突，根本上源于世界不合理不公平的国际秩序。不解决利益冲突和文化冲突，不建立合理公平的国际秩序，恐怖主义就无法解决。中华优秀传统文化中辩证综合的思维方式，对于解决当今世界诸如恐怖主义之类的许多难题，能够提供很好的方法论启示。

（四）高超独特的中国艺术

钱钟书说："东海西海，心理攸同；南学北学，道术未裂。"①人类艺术心理的相似性，使优秀文艺作品可以在不同民族间流传，使诸如莎士比亚、托尔斯泰、贝多芬、梵高等艺术家的作品成为人类共同的精神瑰宝。同时，不同民族艺术表现的特殊性，又使不同民族的文艺在世界文艺中占有特殊的地位。中国传统文学艺术，因其具有高超的艺术水准和独特的艺术魅力，在世界文艺史上别具一格，占据重要地位，对人类具有巨大的艺术价值。

第一，高超的艺术水准。中国古人对文学艺术极其重视，甚至将其作为"经国之大业，不朽之盛事"（《典论·论文》）。因为重视，所以在创作态度上精益求精。唐代诗人贾岛作诗反复"推敲"，称自己作诗"二句三年得，一吟双泪流"（贾岛《题诗后》）。清代小说家曹雪芹"披阅十载，增删五次"，创作出"字字看来皆是血"的旷世杰作《红楼梦》。正是由于这种对文艺创作的极端重视和精益求精的态度，中国古代在文艺创作上取得了巨大成就，达到了高超的艺术水准。以李白、杜甫、苏轼等诗作为代表的诗歌，以四大名著为代表的小说，以《西厢记》《牡丹亭》为代表的戏剧，以及王羲之、颜真卿、阎立本、黄公望、唐寅等的书画，都达到了世界一流艺术水准。高超的艺术水准，是中国传统文艺能够走向世界的基础。

第二，独特的艺术魅力。与世界其他民族文学艺术相比，中国传统文学艺术有自己的特色。冯友兰指出："富于暗示，而不是明晰得一览无遗，是一切中国艺术的理想，诗歌、绘画以及其他无不如此。拿诗来说，诗人想要传达的往往是诗中没有说的。照中国

---

① 钱钟书：《谈艺录·序》，生活·读书·新知三联书店 2008 年版，第 1 页。

的传统,好诗'言有尽而意无穷'。"①美国哲学家威尔·杜兰特也说:"中国的诗,不是讨论,而是暗示;是含蓄,而不是明言。"②这种"言有尽而意无穷"的表现方式,是中国传统文艺的一个显著特色。例如,同样描写爱情悲剧,曹雪芹的《红楼梦》与莎士比亚的《罗密欧与朱丽叶》比起来,其艺术特色大相径庭,前者含蓄蕴藉,后者直白热烈;前者多用间接烘托,后者多用直接呈现。这种艺术特色的不同,给人的审美体验也极为不同。中国传统文艺的独特的艺术魅力,是其具有世界价值的关键。

　　长期以来,由于中西文艺交流的不畅,以及近代以来中西文化上西强东弱的总体态势,中国传统文艺在世界上的影响力还不够强。但是,中国传统文艺本身所取得的巨大艺术成就、所达到的高超艺术水准、所具有的独特艺术魅力,使它具有不可否定的世界价值。随着中国在世界上影响力的提升,中国传统文艺也会逐渐走向世界,以其无限的艺术魅力影响世界、服务人类。

---

① 　冯友兰:《中国哲学简史》,北京大学出版社 2013 年版,第 12 页。
② 　威尔·杜兰特:《世界文明史》第 1 卷,华夏出版社 2010 年版,第 524 页。

第五章

实现中华优秀传统文化当代价值的机遇和挑战

在人类文化史上,有的传统文化消泯无闻,有的传统文化实现复兴,其原因往往与其所面临的机遇和挑战有关。当前,世界多极化、经济全球化深入发展,文化多样化、社会信息化持续推进,传承发展中华优秀传统文化既面临难得机遇,也面临巨大挑战。本章着眼实现中华民族伟大复兴的宏伟目标,紧密结合当代中国和世界实际,重点分析实现中华优秀传统文化当代价值面临的主要机遇和挑战,以便我们能够充分利用机遇,成功克服挑战,实现中华优秀传统文化在当代的最大价值。

一、实现中华优秀传统文化当代价值的机遇

传统文化的传承发展离不开适当的文化条件。文化条件越适宜、越充分,传统文化传承发展就越顺利、越有成效。从历史上看,传统文化传承发展的条件主要包括四个方面:外部环境、现实需求、民意基础和文化政策。从这四个方面看,中华优秀传统文化目前面临着难得机遇。

（一）良好的外部环境

实现中华优秀传统文化当代价值需要一定的外部环境,这既包括一定的国际环境,也包括一定的国内环境。目前,从国际看,和平与发展仍是时代的主题,中国处于相对和平的发展环境;从国内看,政治局势稳定,经济发展势头良好,综合国力不断增强,人民收入持续提高。这些良好的外部条件,为实现中华优秀传统文化当代价值提供了难得的机遇。

第一,和平稳定的发展环境。近代以来,中华优秀传统文化之所以受到一些人的质疑、批判,甚至某些人的抛弃、破坏,与国家发展环境的日益严峻密切相关。鸦片战争以后的 100 年间,中国受到西方列强的多次侵略,中华民族处于亡国灭种的危险边缘。在这种情况下,中华优秀传统文化开始受到一些人的质疑,人们把国家的贫穷落后归咎于中国的传统文化,试图通过批判传统、抛弃传统来救亡图存。因此,在这段时间内,中华优秀传统文化处于十分恶劣的发展环境。改革开放以来,和平与发展成为时代的主题。从外部说,中国基本上处于一个相对和平的外部发展环境,没有面临大的战争威胁;从内部说,中国国内政局稳定,经济社会持续发展。这种和平稳定的发展环境,使先前传统文化受质疑、受批判的环境基础削弱了,人们能够比较平和理性地回顾和反思近代以来中国的历史进程,回顾和反思传统文化的历史功过和发展前途。可以说,目前中国和平稳定的发展环境,比较有利于中华优秀传统文化的传承和弘扬。

第二,不断增强的综合国力。文化发展有内在规律,其中一个重要表现就是"趋炎附势"。所谓文化上的"趋炎附势",是指文化往往易于"攀附"繁荣富强的国家。在中国古代,繁荣富强的时代往往文化上也比较繁荣,比如汉唐盛世。在西方,古希腊、古罗马强盛时期,文化繁荣发展、影响力大;但到衰亡时期,文化也随之衰弱。文艺复兴时期,文化比较繁荣的意大利、西班牙、英国等国家,也是当时世界上比较繁荣富强的国家。目前,世界上影响力最大的一些文化,如欧美文化、日韩文化,无不是繁荣富强的国家的文化。近代以来,中国贫穷落后,不仅中国传统文化式微,而且中国文化在世界上影响力也比较弱小。改革开放以来,中国逐渐走上繁荣富强的快车道。目前,中国的 GDP(国内生产总值)稳居世界第二位,经济发展势头良好,综合国力和国际影响力不断提升。在这种情况下,我们的文化自信,特别是对中华优秀传统文化的自信逐渐增强。在世界上,中华文化,特别是中华优秀传统文化的影响力逐渐增大,孔子学院遍布全球,中国传统哲学、传统文艺等优秀文化走向世界,产生越来越大的影响。

第三,日益雄厚的物质基础。恩格斯指出:"人们首先必须吃、喝、住、穿,然后才能从事政治、科学、艺术、宗教等等。"[1]春秋时期管子也指出:"仓廪实而知礼节,衣食足而知荣辱。"(《管子·牧民》)物质条件是文化繁荣与发展的重要基础。2017 年,我国国内生产总值已达到 82.7 万亿元,人均国内生产总值已经超过 8000 美元。日益雄厚的物质基础,给中华优秀传统文化的传承和弘扬提供了很好的物质条件。在国家层面,雄厚的物质基础可以使国家在中华优秀传统文化的传承和弘扬方面,特别是优秀传统文化的发掘、整理、保护和宣传等方面,投入更多的人力物力。在个人层面,人们收入水平的提高,在满足衣食住行等物质需要的同时,有更多的财力投入到精神消费领域。近年来,人们在文化旅游、影视、文学艺术等文化领域的消费越来越高,对中华优秀传统文化的

---

[1] 《马克思恩格斯选集》第 3 卷,人民出版社 2012 年版,第 1002 页。

投入和消费也在随之增多。

(二)巨大的现实需求

近代以来,在救亡图存的大背景下,我们掀起了学习西方、批判传统的热潮,中华优秀传统文化面临着被抛弃、无用途的尴尬局面。改革开放以来,特别是进入 21 世纪以来,中国和世界的发展出现了许多新情况,产生了许多新问题,人们试图从历史和传统中寻求解决时代问题的经验和智慧,这就对中华优秀传统文化产生了巨大的现实需求,也为中华优秀传统文化提供了广阔的用武之地。

第一,人民群众具有巨大的文化需要。人民群众需要文化,特别是随着物质生活水平的提高,人们的文化需要也越来越强烈、越来越多元。我国目前依然处于社会主义初级阶段,文化建设虽然取得巨大成就,但与人民群众的巨大文化需要之间,仍然存在着供不应求或供非所需的矛盾。在文学艺术领域,还"存在着有数量缺质量、有'高原'缺'高峰'的现象"①。在哲学社会科学领域,也"还处于有数量缺质量、有专家缺大师的状况"②。由于中国当代文化的供应无法满足人民群众日益增长的文化需求,一定程度造成了欧美文化、日韩文化乘虚而入、鸠占鹊巢的文化现象。外国文化虽然也能满足人民群众的部分文化需求,但因语言文字、风俗习惯、审美心理等方面的差异,不可能替代中国文化的作用。在这种情况下,中华优秀传统文化就有了广阔的用武之地,其优秀的文化资源有的可以直接满足人民群众的文化需要,有的可以通过创造性转化、创新性发展满足人民群众的文化需要。

---

① 习近平:《在文艺工作座谈会上的讲话》,人民出版社 2014 年版,第 9 页。
② 习近平:《在哲学社会科学工作座谈会上的讲话》,人民出版社 2016 年版,第 7 页。

第二,经济社会发展需要坚强的文化支撑。发展是世界各国共同的价值追求,是人类幸福的根本保障。当前,世界和中国都面临许多发展问题。从国内看,发展不平衡、不协调、不可持续的问题突出,生态环境恶化、贫富差距拉大、道德滑坡严重、腐败现象频发等问题影响着经济社会的持续健康发展。从国际上说,经济增长乏力、地区发展不均、局部战争不断、恐怖主义肆虐、生态环境恶化等问题严重威胁着人类的和平与发展。习近平指出:"世界上伟大的哲学社会科学成果都是在回答和解决人与社会面临的重大问题中创造出来的。"①中华优秀传统文化博大精深,包含着几千年来中华民族应对内忧外患、解决各种问题的理论与实践、经验与教训,其中的一些思想与智慧对于今天我们解决时代发展问题依然具有深刻启发。国内国际发展面临的突出问题,为中华优秀传统文化提供了广阔用武之地。

(三)深厚的民意基础

是否有民意基础,是一种传统文化能否传承下去的内在根据。中华优秀传统文化几千年来不断传承发展,始终有着深厚的民意基础。当前,我国民众对中华优秀传统文化表现出极大的热情和喜爱,这是我们实现中华优秀传统文化当代价值的重要利好条件。

第一,文化基因根深蒂固。基因是决定生命特征的根本因素,文化基因是决定文化特征与活力的根本因素。中华优秀传统文化蕴含着中华民族优秀的文化基因,它们是中华民族的基本标识,也是中华民族生存发展的文化基础。几千年来,中国文化发生了很大变化,但这种变化是形变而神不变、外变而内不变,具有很强的

①　习近平:《在哲学社会科学工作座谈会上的讲话》,人民出版社2016年版,第12页。

稳定性,有着根深蒂固的文化基因。一是价值取向稳定。如热爱国家、注重集体的价值取向,仁民爱物、尊老爱幼的价值取向,先义后利、义利兼顾的价值取向,爱好和平、勤劳节俭的价值取向,等等,依然是今天人们所肯定和秉持的。二是思维方式稳定。与世界其他民族相比,中华民族有独特的思维方式,比如重整体、讲辩证、尚体悟等。语言是思维的工具,汉字和汉语的稳定性,使我们民族的思维方式能够长期保持稳定。三是审美习惯稳定。中华民族对文学艺术有着自己的审美习惯,这种审美习惯具有强大的惯性和稳定性,这使得人们对中国传统文学艺术的喜爱经久不衰。中华民族独特的价值取向、思维方式、审美习惯等,是中华民族文化基因的主要组成部分,它们的稳定性是传统文化具有深厚民意基础的根源。

第二,文化脉络连绵不绝。中华优秀传统文化的发展具有连续性,历史上虽历经曲折,但坚韧顽强。近代以来,中华优秀传统文化受到西方文化的强烈冲击,也受到国内某些人的强烈质疑和和猛烈批判。辛亥革命后,封建帝制宣告终结,作为封建帝制指导思想的儒家思想也被拉下神坛,不再占据文化上的主导地位。新中国成立以来,社会主义文化蓬勃发展,人民群众的精神面貌日新月异。但是,中华优秀传统文化作为中华文化的文化基因,其文化脉络连绵不绝。特别是在民间,民众自发地传承着中华优秀传统文化的文脉。在伦理道德方面,孝敬父母、尊老爱幼、尊师重教、诚信友善等传统美德被人民群众自发传承,涌现了一批又一批新时期的道德楷模。在文学艺术方面,以《红楼梦》《三国演义》《水浒传》《西游记》为代表的传统文艺,以书籍、评书、影视、绘画等各种形式在民间广为流传。在节日民俗方面,春节、清明节、端午节、中秋节等中国传统节日生命力依旧顽强,与其相关的贴春联、祭祖、赛龙舟、吃粽子、吃月饼等民俗文化依然繁荣。从这些方面可以看出,中华优秀传统文化的文脉没有断绝,而是在民间顽强地延续着。

第三,文化热情不断高涨。20 世纪 80 年代以来,民众对中华优秀传统文化的热情不断高涨。一是传统文化中的经典书籍持续热销。优秀传统文化书籍是各大书店的畅销书,成为人们阅读最多的图书种类之一。注释解读这些经典书籍的图书也非常畅销,杨伯峻的《论语译注》2016 年的销售量就高达 45 万册。[①] 二是源于传统文化的影视作品深受喜爱。随着影视技术的进步,中华优秀传统文化中的不少经典作品被拍摄成影视作品,成为观众喜闻乐见的精神大餐。有数据显示,央视版的《西游记》至今已经重播 3000 多次,观看人次超过 60 亿,成为世界上重播率和收视率最高的电视剧。[②] 三是传统文化类的电视节目影响广泛。21 世纪以来,传统文化类的电视节目成为收视率高、影响广泛的文化节目。《百家讲坛》从 2001 年开播以来,成为传播中华优秀传统文化的重要阵地,引起广泛关注,产生巨大影响。近年来,《中国汉字听写大会》《中国成语大会》《中华诗词大会》等传统文化类的电视节目,也有较高收视率,深受民众喜爱。

(四)积极的文化政策

一种文化的命运,与国家的文化政策息息相关。历史上,秦朝实行"焚书坑儒"政策,使先秦文化遭到重大破坏;汉朝实行"罢黜百家,独尊儒术"政策,把儒家思想尊为占主导地位的意识形态。

---

① 《读者直奔国学原著,惊了专家》,《北京日报》2017 年 2 月 17 日第 12 版。
② 侯睿哲:《六小龄童的猴王幽默》,《喜剧世界》2016 年第 4 期。

辛亥革命以后,儒家思想跌下神坛。新中国成立后,毛泽东多次强调应传承传统文化中优秀成分。改革开放以来,中华优秀传统文化逐渐受到重视,国家先后出台了一些积极的文化政策。党的十八大以来,以习近平同志为核心的党中央高度重视中华优秀传统文化当代价值,将其作为治国理政的重要战略资源来保护和运用。几年来,国家密集出台了一系列重要的积极的文化政策,为实现中华优秀传统文化当代价值提供了有利的政策支持。

第一,把中华优秀传统文化作为涵养社会主义核心价值观的重要源泉。培育和践行社会主义核心价值观,离不开中华优秀传统文化这个源头活水。2013 年 12 月,中共中央办公厅印发了《关于培育和践行社会主义核心价值观的意见》,明确提出要"发挥优秀传统文化怡情养志、涵育文明的重要作用",要"建设优秀传统文化传承体系,加大文物保护和非物质遗产保护力度,加强对优秀传统文化思想价值的挖掘,梳理和萃取中华文化中的思想精华,做出通俗易懂的当代表达,赋予新的时代内涵,使之与中国特色社会主义相适应,让优秀传统文化在新的时代条件下发扬光大。"①2016 年12 月,中共中央办公厅、国务院办公厅印发了《关于进一步把社会主义核心价值观融入法治建设的指导意见》,明确指出:"大力弘扬中华优秀传统文化,深入挖掘和阐发中华民族讲仁爱、重民本、守诚信、崇正义、尚和合、求大同的时代价值,汲取中华法律文化精华,使之成为涵养社会主义法治文化的重要源泉。"②这两个文件,为中华优秀传统文化在培育和践行社会主义核心价值观过程中发

① 《十八大以来重要文献选编》(上),中央文献出版社 2014 年版,第 585 页。
② 《关于进一步把社会主义核心价值观融入法治建设的指导意见》,《人民日报》2016 年 12月 26 日第 5 版。

挥重要作用,指明了方向。

第二,把中华优秀传统文化作为繁荣发展当代文艺的重要资源。2014 年 10 月,习近平总书记主持召开了文艺工作座谈会,指出:"文艺创作不仅要有当代生活的底蕴,而且要有文化传统的血脉。"①这个"文化传统的血脉"就是中华优秀传统文化。2015 年 7 月,国务院办公厅印发了《关于支持戏曲传承发展的若干政策》,指出:"戏曲具有悠久的历史、独特的魅力和深厚的群众基础,是表现和传承中华优秀传统文化的重要载体。"②文件强调,要从加强戏曲保护与传承、支持戏曲剧本创作、支持戏曲演出、改善戏曲生产条件、支持戏曲艺术表演团体发展、完善戏曲人才培养和保障机制、加大戏曲普及和宣传等方面,促进戏曲繁荣发展。2015 年 10 月,中共中央出台《中共中央关于繁荣发展社会主义文艺的意见》,指导社会主义文艺繁荣发展。文件指出:"弃其糟粕、取其精华,从传统文化中提炼符合当今时代需要的思想理念、道德规范、价值追求,赋予新意、创新形式,进行艺术转化和提升,创作更多具有中华文化底色、鲜明中国精神的文艺作品。"③同时还提出,要实施中华文化传承工程,做好古籍整理、经典出版、义理阐释、社会普及工作,实施地方戏曲振兴计划,等等。

第三,把传承发展中华优秀传统文化作为文化建设的重要内容。2016 年 3 月,《中华人民共和国国民经济和社会发展第十三个五年规划纲要》出台,《纲要》把"传承发展优秀传统文化"作为重

---

① 习近平:《在哲学社会科学工作座谈会上的讲话》,人民出版社 2016 年版,第 25 页。
② 《国务院办公厅印发关于支持戏曲传承发展若干政策的通知》,《中国戏剧》2015 年第 9 期。
③ 《中共中央关于繁荣发展社会主义文艺的意见》,《人民日报》2015 年 10 月 20 日第 2 版。

要内容,指出:"构建中华优秀传统文化传承体系,实现传统文化创造性转化和创新性发展","广泛开展优秀传统文化普及活动并纳入国民教育","加强文物保护利用","加强非物质文化遗产保护与传承"。① 2017 年 1 月,中共中央办公厅、国务院办公厅印发了《关于实施中华优秀传统文化传承发展工程的意见》,指出:"实施中华优秀传统文化传承发展工程,是建设社会主义文化强国的重大战略任务。"②这个文件肯定了中华优秀传统文化当代价值,对中华优秀传统文化的传承发展做出了全面部署。提出要重点传承中华优秀传统文化中的核心思想理念、中华传统美德和中华人文精神,重点要做好深入阐发文化精髓、贯穿国民教育始终、保护传承文化遗产、滋养文艺创作、融入生产生活、加大宣传教育力度、推动中外文化交流互鉴等方面的工作。这是改革开放以来国家层面出台的第一个专门的全面的关于中华优秀传统文化传承发展的文件,具有里程碑意义。2017 年 5 月,中办国办印发《国家"十三五"时期文化发展改革规划纲要》,提出了"十三五"时期传承弘扬中华优秀传统文化的目标:"中华优秀传统文化传承体系基本形成,中华民族文化基因与当代文化相适应、与现代社会相协调,实现传统文化创造性转化和创新性发展。"③

另外,国家有关部门还出台了《完善中华优秀传统文化教育指导纲要》《关于加快构建现代公共文化服务体系的意见》等文化政策,地方政府也结合各地实际相继出台了相应的文化政策。可以

---

① 《中华人民共和国国民经济和社会发展第十三个五年规划纲要》,《人民日报》2016 年 3 月 18 日第 1 版
② 《关于实施中华优秀传统文化传承发展工程的意见》,《人民日报》2017 年 1 月 26 日第 6 版
③ 《国家"十三五"时期文化发展改革规划纲要》,《人民日报》2017 年 5 月 8 日第 10 版。

说,目前积极的文化政策,使中华优秀传统文化的传承和弘扬呈现出欣欣向荣的新气象。

二、实现中华优秀传统文化当代价值的挑战

文化传承发展的机遇源自适宜的文化条件,与此对应,文化传承发展的挑战则源自适宜文化条件的缺失或破坏。历史上,中华优秀传统文化面临的每次挑战,总是由所处文化条件的变化引起的。当前,中华优秀传统文化的传承发展在思想内容、文化态度、传承方法、外来文化等方面,面临着巨大挑战。

(一)庞杂的思想内容

中国传统文化思想内容极为丰富,既有精华,也有糟粕,甚至精糟杂糅、难以分辨。季羡林曾指出,文化精华和糟粕"这两个表面上看上去像是对立面的东西,不但不是泾渭分明,反而是界限不清;尤有甚者,在一定的条件下,双方可以相互向对立面转化"。[①] 传统文化精华包含于传统文化之中,与传统文化糟粕混杂在一起,难以画出清晰界线。这种情况,对实现中华优秀传统文化当代价值造成了很大困难。

第一,文化糟粕产生负面影响。在中国传统文化之中,除了优秀传统文化外,还有许多不优秀的传统文化,甚至糟粕的东西。例如,"三纲"(君为臣纲、父为子纲、夫为妻纲)、"三从"(幼从父、嫁从夫、夫死从子)、"四德"(妇德、妇言、妇容、妇工)等封建伦理道德,在历史上臭名昭著、危害巨大。近代以来,特别是经过"五四"新文化运动的思想启蒙和社会主义文化的教育引导,人们对传统

---

① 季羡林:《季羡林谈国学》,浙江人民出版社 2016 年版,第 97 页。

文化糟粕的危害性认识已经比较深入。但是，文化具有惯性，传统文化糟粕的生命力非常强，可谓百足之虫死而不僵。如官僚主义、等级思想、享乐主义等封建糟粕在一定范围内还顽固存在，发源于封建官场的"潜规则"还在很多人心里根深蒂固。这些显然与现代政治文明，与社会主义精神文明建设背道而驰。因此，很多人对传统文化糟粕非常厌恶和警惕。但城门失火，殃及池鱼，人们对传统文化糟粕的厌恶与警惕，影响了人们对传统文化整体的认识，甚至影响了人们对传统文化精华的认识。于是在很多人印象中，传统文化整体都是糟粕，传承和弘扬传统文化就是一种文明退步。这种情况必然使实现中华优秀传统文化当代价值遇到重重障碍。

第二，精糟杂糅导致难以分辨。传统文化精华包含在传统文化之中，有些与传统文化糟粕杂糅在一起，彼此难以分辨。例如，传统文化中的"孝"文化，它的内容就精糟杂糅、难以分辨。"孝"是中国古代伦理道德中的核心概念之一，孝敬父母也是中华传统美德之一。《论语》上说："孝弟也者，其为仁之本与！"（《论语·学而》）《孟子》上也强调要"谨庠序之教，申之以孝悌之义"（《孟子·梁惠王上》）。然而，中国古代的孝文化却是精糟杂糅的，必须辩证分析。以《二十四孝》为例，其中记载的诸多孝子孝行就体现了精糟杂糅的特点，如埋儿奉母、怀橘遗亲、卧冰求鲤、恣蚊饱血等孝子故事，从"孝"的精神上说，他们确实感人至深、值得赞扬；但从"孝"的行为上来说，他们的做法不仅愚昧迷信，而且有违天理人性。《二十四孝》中的"埋儿奉母"记载："汉郭巨，家贫。有子三岁，母尝减食与之。巨谓妻曰：'贫乏不能供母，子又分母之食，盍埋此子？儿可再有，母不可复得。'妻不敢违。巨遂掘坑三尺余，忽见黄金一釜，上云：'天赐孝子郭巨，官不得取，民不得夺。'"杀掉自己的儿子奉养母亲,是一种极端扭曲、灭绝人性的孝;上天赠予黄金,又反映出愚昧的封建迷信思想。这种孝子孝行,不仅不值得今天人们学习,而且应该深入批判。鲁迅曾在《二十四孝图》这篇文章中评论道:"我请人讲完了二十四个故事之后,才知道'孝'有如此之难,对于先前痴心妄想,想做孝子的计划,完全绝望了。"[①]不仅"孝"文化,包括中华传统美德在内的许多优秀传统文化,往往是与一些封建糟粕杂糅在一起的,这就给我们今天的传承和弘扬带来极大的障碍。

第三,时过境迁造成传承困难。中华优秀传统文化有其产生的时代背景,有其活跃的社会条件,也有其表现的具体方式。时代在发展,环境在变化,时过境迁之后,中华优秀传统文化面临新的历史条件,就不可避免地要遇到传承上的困难。这种传承困难,既有思想内容上的原因,也有表达形式上的原因。在思想内容上,以中华传统美德为例,它产生于中国的农耕时代和封建社会,带有浓郁的宗法主义和专制主义色彩。今天,中国已经是一个社会主义国家,已经处于信息时代,怎样传承中华传统美德就面临着很多具体难题。如"爱国主义",它是中华传统美德的重要内容,在中国古代有其产生的具体环境和实现的具体方式。著名爱国主义者岳飞,他抗击金军,但"金"也是中华民族的一部分;他热爱宋国,但他身上又有着浓郁的忠君,甚至愚忠色彩。我们自然不能脱离历史语境,用今天的标准否定岳飞的英雄地位和爱国主义壮举,但爱国主义作为一种传统美德确实遭遇新的历史条件,如何继承和弘扬,需要我们进行理性的思考。在表达形式上,中国古代的文化典籍

---

① 《鲁迅全集》第 2 卷,人民文学出版社 2005 年版,第 261 页。

以繁体汉字记录,没有现代标点符号,并且古今汉语语法不同,古今汉语的词义也变化很大,阅读起来有很大难度。唐代韩愈在描写古代典籍时说:"上规姚姒,浑浑无涯;周诰、殷《盘》,佶屈聱牙;《春秋》谨严,《左氏》浮夸;《易》奇而法,《诗》正而葩;下逮《庄》《骚》,太史所录;子云、相如,同工异曲。"(韩愈《进学解》)在今天大多数人看来,许多古典典籍的特点就是"浑浑无涯""佶屈聱牙",令人望而生畏,难以体会其中奥妙,这无疑就给今人的阅读和传承造成巨大障碍。不仅中华传统美德和传统典籍遇到新的历史条件,中华优秀传统文化中的许多内容,包括传统治国理念、社会礼仪、文学艺术、民俗节日、服饰饮食、历史文物等等,都要重新适应新的历史条件,这无疑增加了实现中华优秀传统文化当代价值的难度。

(二)错误的文化态度

中华优秀传统文化包含于内容庞杂的传统文化之中,往往与传统文化糟粕混杂,导致人们对传统文化产生极为复杂的态度和观念。客观地说,人们对传统文化糟粕高度警惕无可非议,对传统文化本身冷静思考也无可非议。但在高度警惕和冷静思考两种态度和观念之外,还存在着一些错误的态度和观念,对中华优秀传统文化的传承发展造成障碍。当前,对待传统文化主要有三种错误态度,即虚无主义、复古主义、功利主义。

一是彻底否定的虚无主义态度。这种态度的表现是眼睛向"前"、否定传统,认为传统文化已经失去当代价值,并对中国的现代化起着负面的、阻碍的作用,必须全盘否定和彻底摒弃。一些学者认为"中国的传统文化自从秦始皇一统天下的两千年来,一言以蔽之,就是专制主义"①,必须彻底抛弃,用西方近代以来的文化对中华文化进行彻底改造。这种态度可追溯到近代以来的"全盘西化"论,它的根源是中国近代中所遇到的民族危机,特别是文化危机。晚清民国以来,人们把鸦片战争后中国的落后和失败归咎于传统文化,许多学者认为只有彻底抛弃传统文化而"全盘西化",中国才有救亡图存的希望。胡适提出:"我主张全盘的西化,一心一意地走上世界化的路。"②蒋廷黻指出:"半新半旧是不中用的。换句话说:我们到了近代要图生存非全盘接受西洋文化不可。"③鲁迅甚至提醒中国青年:"我以为要少——或者竟不——看中国书,多看外国书。"④20世纪80年代"全盘西化"论再次被叫响,一些学者认为传统文化不仅是发生"文化大革命"的文化根源,而且是中国现代化的最大障碍,必须用西方文化进行清除。由对传统文化糟粕的否定,进而对传统文化全盘否定,以至于彻底否定传统文化中的优秀部分,是一种虚无主义的错误态度和观念。这种态度观念对中华优秀传统文化的传承和弘扬危害最大,因为它彻底否定了它的存在价值。

二是过度拔高的复古主义态度。这种态度的表现是眼睛向"后"、食古不化,特别是宣扬儒学的当代价值,甚至提出全面"儒化中国",提倡把"儒教"当成"国教"。一些学者对当下中国持强烈不满和批判态度,认为"这个世界没有温情,没有道德,没有正义,有的只是赤裸裸的弱肉强食"⑤,因此他们主张"恢复古代礼制,用

---

① 马立诚:《最近四十年中国社会思潮》,东方出版社2015年版,第140页。
② 胡适:《中国文化的反省》,华东师范大学出版社2013年版,第310页。
③ 蒋廷黻:《中国近代史》,群言出版社2015年版,第53页。
④ 《鲁迅全集》第3卷,人民文学出版社2005年版,第12页。
⑤ 马立诚:《最近四十年中国社会思潮》,东方出版社2015年版,第221页。

礼制来规范社会生活的方方面面","中国需要复古更化,重建中国儒教,将中国建成一个政教合一的儒教国"。① 这种态度的产生源于一些学者认为国内出现的种种问题,如官员腐败、道德沦丧、贫富分化、环境污染等,都是丢失传统文化所致;因此,解决这些问题必须用传统文化来解决。这种态度忽视了传统文化中的糟粕,特别是忽视了时代发展之后僵化地照搬传统文化,如"恢复古代礼制""重建中国儒教"等做法已经严重违背了文明的发展规律。复古主义的态度表面上看来是肯定和弘扬中华优秀传统文化,但把中华优秀传统文化的价值抬高到它本身不具有的高度,赋予它无法承担的历史使命,只会适得其反,引起人们的警惕和厌恶,反而损坏了中华优秀传统文化在当代的地位。

三是唯利是图的功利主义态度。这种态度的表现是向"钱"看,以古为利,打着弘扬传统文化的旗号,以赚钱营利为根本目的。在"传统文化热"和"国学热"的文化背景下,在文化产业蓬勃发展的经济势头下,一些人兴起了用中华优秀传统文化赚钱的念头。传统文化产业化本来是一种很好地传承和弘扬中华优秀传统文化的途径,但如果只求经济效益,不顾社会效益,功利地开发利用传统文化,就不仅不能实现中华优秀传统文化当代价值,而且损害它的形象,阻碍其价值的实现。近年来,以篡改、歪曲、恶搞中华优秀传统文化的方式盈利的文化现象层出不穷。在影视领域,近几年盛行宫斗剧、穿越剧等历史题材的影视作品,但其中表现的情节内容要么与历史事实严重背离,要么竭力呈现历史中的阴暗面,以吸引眼球和提高收视率为唯一目的,实际上严重损害了中华优秀传

① 马立诚:《最近四十年中国社会思潮》,东方出版社 2015 年版,第 213 页。

统文化的形象。在游戏领域，一款名为《王者荣耀》的游戏非常热火，游戏里出现了数十位中国古代的历史人物和神话人物，但它把荆轲塑造成女性、李白塑造成刺客、扁鹊塑造成用毒高手等，历史人物的身份地位被随意杜撰，以达到吸引玩家的目的，这种情况势必会对青少年产生不良影响。功利主义的态度，缺乏对民族传统文化的起码尊敬，使我们在面对传统文化时首先就迷失了方向，严重损害了中华优秀传统文化的形象，也影响了中华优秀传统文化的传承和弘扬。

（三）僵化的传承方法

毛泽东指出："不解决方法问题，任务也只是瞎说一顿。"①对于中华优秀传统文化，传承方法在很大程度上决定传承效果。目前，由于中华优秀传统文化本身庞杂思想内容的局限和一些错误态度观念的影响，也由于时代环境的变化，我们在传承和弘扬中华优秀传统文化时，还存在大量僵化的传承方法，从而削弱了传承效果。

第一，食古不化的方法。中华优秀传统文化具有时代性，它产生、形成、繁荣、发展于中国古代，从经济土壤上说主要是一种农耕文化，从政治环境上说主要是一种封建文化。这种时代性，决定了我们今天传承和弘扬中华优秀传统文化时，必须进行契合时代的改造和创新，而不能囫囵吞枣、食古不化。然而，近年来这种食古不化的传承现象屡见不鲜。据报道，2014 年，北京凤凰岭书院某次开学典礼上，身着青灰色长衫的学员，向红襟黑衫的老师们齐齐叩首，行跪拜礼。② 2014 年北京、广东、海南、陕西等地盛行"女德班"和"女德学堂"，积极倡导"打不还手，骂不还口，逆来顺受，绝不离

---

① 《毛泽东选集》第 1 卷，人民出版社 1991 年版，第 139 页。
② 赵刚:《"跪拜"不是经典》,《陕西日报》2014 年 12 月 1 日第 6 版。

婚"的"女德"四项原则。① 众所周知,"跪拜"是中国古代的一种礼节,是封建等级制度的一种外在表现,在中华民国成立之初即被废除。"女德"在中国古代主要是"三从"(幼从父、嫁从夫、夫死从子)、"四德"(妇德、妇言、妇容、妇工),曾经给中国女性带来巨大伤害。举行"跪拜礼"和举办"女德班"的新闻,近年来屡屡见诸媒体,这看起来是传承传统文化,实则食古不化,是一种文化上的倒退。

第二,歪曲丑化的方法。食古不化的方法当然不好,需要我们进行契合时代的改造和创新。但改造和创新不能变成歪曲和丑化。2012 年网络上掀起了一场恶搞诗人杜甫的热潮,杜甫被恶搞成各种造型,有网友为此评论道:"杜甫很忙:开完摩托骑白马,送水过后卖西瓜。"②2015 年,东方卫视节目《木兰从军》,将中国古代巾帼英雄花木兰恶搞成贪吃、不孝、胸无大志、贪生怕死的傻大妞形象。③ 近年来,改编自《西游记》的几部电影相继上映,然而它们大多严重窜改故事情节、严重丑化人物形象、严重拉低审美品位,遭到了从学术界到民间的强烈批评。杜甫是具有高超诗歌艺术水平和浓厚人文情怀的伟大诗人,他的"三吏""三别"等诗歌,表现出伟大的博爱精神和爱国精神。花木兰是践行热爱祖国、孝敬父母等传统美德的著名典范,她替父从军的壮举、不贪功名的义举,感动了一代代中华儿女。《西游记》是中国古典四大名著之一,是中华民族的艺术瑰宝,其蕴含的求取真经的执着信念和降妖除魔的正义精神,是民族宝贵的精神财富。歪曲、丑化、恶搞杜甫、花木兰

① 陈甲取:《谨防女德学堂的"德教"跑偏》,《长江日报》2014 年 9 月 13 日第 3 版。
② 尤莼洁:《从"杜甫很忙"说到恶搞之风行》,《解放日报》2012 年 3 月 28 日第 2 版。
③ 经哲:《恶搞名人之风不可长》,《河北日报》2015 年 7 月 17 日第 9 版。

和《西游记》等传统文化符号，是对中华优秀传统文化的破坏。此外，近年来热播的宫斗剧、穿越剧，其情节内容和价值导向往往与历史真实大相径庭，呈现出一种歪曲丑化的倾向。钱穆认为，"一国之国民"应"附随一种对其本国以往历史之温情与敬意"，只有这样"其国家乃再有向前发展之希望"。[①] 对中华优秀传统文化缺乏基本的"温情"与"敬意"，是产生歪曲丑化现象的重要原因，也是我们实现中华优秀传统文化当代价值的一大障碍。

（四）强势的外来文化

工业革命以来，随着世界市场的开拓，"各民族的精神产品成了公共的财产"[②]。一个国家不仅在政治、经济上无法闭关锁国，在文化上也无法不受外来文化的影响。历史上，中国文化曾经经受过"佛陀东来"的文化冲击和外族文化的大量融入，但其规模和强度都不及近代以来"西学东渐"的文化浪潮。这次外来文化的浪潮给中国送来了民主、科学和马克思主义等西方文明的成果，极大改变了中国的面貌，但也极大冲击了中华优秀传统文化，使其面临艰难的生存处境。改革开放以来，西方的各种思潮和流行文化，再一次大规模涌入中国，如滔滔大浪冲击着中华优秀传统文化的存在根基。

第一，国外流行文化的冲击。流行文化是一个包含影视、音乐、文学艺术、游戏、时装等在内的文化概念。随着传播技术的日益发达，流行文化更是深刻影响着每一个普通人的日常生活。目前，来自国外的流行文化数量大、影响大，特别是在青少年阶层中流行甚广，对中华优秀传统文化产生重大冲击。在我国影响较大

---

① 钱穆：《国史大纲》，商务印书馆1996年版，第1页。
② 《马克思恩格斯选集》第1卷，人民出版社2012年版，第404页。

的国外流行文化主要有以下几种：一是美国流行文化。美国是世界头号经济强国，也是头号文化强国。如《变形金刚》系列、《速度与激情》系列、《阿凡达》《泰坦尼克号》等好莱坞电影，《纸牌屋》《权力的游戏》《越狱》等美剧，在中国影响巨大。二是日韩流行文化。以日本动漫、韩国电视剧等为代表的日韩文化在中国也很有市场，以《太阳的后裔》《来自星星的你》为代表的电视剧更是在中国有着极高的人气。三是西方节日文化。圣诞节、情人节、愚人节等西方节日文化在我国青少年中影响很大。四是国外饮食服饰。西餐和日韩饮食、西方和日韩流行服饰在我国影响很大。这些国外流行文化流入我国，丰富了普通民众的精神文化生活，也冲击了中华优秀传统文化的当代地位。

第二，西方政治思潮的冲击。近代以来，在救亡图存的大背景下，西方许多政治思潮涌入中国。除马克思主义之外，自由主义、无政府主义、社会达尔文主义、国家主义等政治思潮在中国也产生了较大影响。改革开放之后，西方各种政治思潮再次涌入。除自由主义等传统政治思潮外，一些新的思潮也竞相而入，如波普尔的政治哲学、熊彼特的精英民主主义、罗尔斯的正义理论、麦金太尔的社群主义、哈耶克的自由秩序原理、诺齐克的自由至上主义，以及绿色和平主义、女权主义、民主社会主义等政治思潮，纷至沓来，令人目不暇接。一些政治思潮在学术界颇有影响，对知识精英阶层影响尤其巨大，不仅干扰着他们对中国特色社会主义的认识，而且影响着他们对中华优秀传统文化的认识。在这些西方政治思潮的反复冲击下，中华优秀传统文化反而处于弱势地位，成了"落伍"的文化古董了。

中华优秀传统文化具有包容性，善于汲取各种文化而进行创新发展。外来文化对于中国利大于弊，但强势的欧美文化和日韩文化对中国文化产生强烈冲击，甚至有取中华优秀传统文化而代之的势头，这是我们进行文化建设时不得不面对的巨大挑战。

传承发展中华优秀传统文化，机遇难得，挑战严峻，机遇和挑战同时存在。同时，机遇和挑战也并非完全对立，在一定条件下可以相互转化。传承发展中华优秀传统文化，不仅要善于抓住机遇、应对挑战，而且要善于因势利导，化挑战为机遇。

第六章

实现中华优秀传统文化当代价值的经验和教训

古今中外各民族，都会遇到传统文化的传承问题。这一问题处理是否得当，不仅影响传统文化的命运，甚至影响民族的兴衰。本书认为，传承传统文化的成败，主要取决于能否恰当处理文化上的三种关系：主次关系、古今关系和内外关系。所谓主次关系，是从系统性角度看，文化上的主导与多元关系。所谓古今关系，是从时代性角度看，文化上的传统与时代关系。所谓内外关系，是从民族性角度看，文化上的本来与外来关系。历史告诉我们，这三种关系处理得好，传统文化就发扬光大；反之，就没落式微。下面主要从这三种关系的处理方面，分析实现中华优秀传统文化当代价值的经验教训。

一、实现中华优秀传统文化当代价值的经验

中华优秀传统文化在发展过程中，从简单质朴的文化样式发展为博大精深文化体系，从黄河长江流域的中国文化发展为享誉全球的世界文化，历经许多曲折，也取得了辉煌成就。在这一过程中，中国历代先祖传承发展中华优秀传统文化的成功经验值得今人认真总结和借鉴。

（一）尊重传统，坚守文脉

世界文化史上，有的传统文化绵延不绝，有的传统文化中断消亡，大多与其是否得到尊重和坚守有关。没有后人态度上的尊重和行动上的坚守，传统文化就难以传承。中华文化几千年来绵延不绝、生生不息，是中华民族始终尊重传统和坚守文脉的结果。魏文帝曹丕在《典论·论文》中指出："盖文章经国之大业，不朽之盛事。"这里说的虽是文章，但也可充分表明中国古代对文化事业的重视。中国古代对传统文化的尊重和坚守方面，有以下成功经验。

1.重视传统文化教育

中华民族自古重视传统文化教育。孟子说："夏曰校，殷曰序，周曰庠，学则三代共之，皆所以明人伦也。"（《孟子·滕文公上》）从夏商周时代起，我国就有国家学校"学"和地方学校"校""序""庠"等，用以教育民众，达到"明人伦"的目的。春秋时期，孔子收徒讲学，私学开始盛行。秦汉以来，政府设有太学、国子监，民间设有私塾、书院。但不论官学还是私学，不论政府开办的学校还是民间开办的学校，传统文化总是作为教学的主要内容。据记载，周的官学教授"六艺"，即礼、乐、射、御、书、数。礼是周公创制的古礼，乐是流传下来的古乐，都是传统文化。孔子收徒讲学，传授"六经"，即《诗》《书》《礼》《易》《乐》《春秋》。孔子说："不学诗，无以言"，"不学礼，无以立"。（《论语·季氏》）可见对传统文化的教育非常重视。汉武帝"独尊儒术"，在长安建"太学"，设五经博士，专门讲授儒家的五种经典《诗》《书》《礼》《易》《春秋》。魏晋以来，历代政府或设太学，或设国子监，均把儒家经典作为主要教学内容。除了政府教育机构，我国古代民间还盛行私塾，以《三字经》《百家姓》《千家诗》《千字文》《弟子规》"四书五经"等为主要教学内容。

中国古代在教育上对传统文化的尊重和坚守,使传统文化,特别是优秀传统文化得到长久的传承和弘扬。

2.热衷传统文化经典的编纂

古代文化传播手段有限,传统文化容易丢失或消亡。中国历史上经过多次文化劫难,有些文化作品甚至永久消亡。但中华文化能够传承不绝,与古人重视和热衷于编纂文化经典密不可分。一是史书的编纂。中国从先秦开始就注重编纂历史书籍,产生了《春秋》《左传》《国语》等优秀史书。汉代司马迁编纂《史记》,班固编纂《汉书》,形成了良好的国史编纂传统。这些优秀史书,使传统文化得到很好的保存和传承。二是文集的编纂。中国古代注重编纂文集,从《诗经》《楚辞》开始,各种经典文集层出不穷。这既包括《论语》《孟子》《老子》《庄子》《墨子》《韩非子》等先秦诸子的文集,也包括秦汉以来文化大家们的各种文集,如《陶渊明集》《李太白集》《杜工部集》等。另外,还有《全唐诗》《全宋词》《唐诗三百首》《宋词三百首》《元曲三百首》《古文观止》等经典文集,在后世流传极广。三是丛书的编纂。中国古代政府注重大型丛书的编纂,《昭明文选》《永乐大典》《四库全书》是其中的代表作。以《四库全书》为例,该丛书分经、史、子、集四部,收录图书达3500多种,成书为7.9万卷,3.6万册,约8亿字,基本包罗了古代所有书籍。这种政府编纂的大型丛书,对民族传统文化的传承极为重要。

3.注重传统文化人才的选拔

在中国古代,选官制度虽几经变化,但传统文化通常是选官的重要标准。先秦选官采用"世袭制",官职根据血缘关系世袭,但能够出类拔萃的官员往往也是对传统礼乐文化掌握较好者。据《左传》《国语》等先秦史书记载,尧、舜、禹、汤、文、武、周公等形成的文化传统、留下的文化典籍都为当时政治所重视。孔子说："诵诗三百，授之以政，不达；使于四方，不能专对；虽多，亦奚以为。"(《论语·子路》)可看出当时官场对《诗经》等传统文化的看重。战国时期，有文化有才能的士阶层崛起，逐渐取代世袭贵族的地位。汉代选官采用"察举制"，选拔德才兼备者任官，特别选拔"秀才"和"孝廉"，所推举者是能够躬行传统美德、具有治国能力的人才，对传统文化的掌握程度是重要标准。隋唐以来，选官实行"科举制"，开始通过考试选拔官吏，儒家经义成为重要考试内容。贞观年间，政府规定只要通晓《礼记》《左传》等经典中一门的都可以入仕做官，很多儒士因学业优异被提拔任用。宋真宗赵恒在《励学篇》中说："书中自有黄金屋"，"书中自有颜如玉"，"男儿欲遂平生志，五经勤向窗前读"。他鼓励人们通过读书获取功名利禄，而读书也强调要读"五经"等传统文化经典。明清之后，科举制度更为完备，考试内容限定在"四书五经"以内，阐释解读必须参照朱熹的《四书集注》，这种情况一直延续到清末科举制度废除。在中国历史上，传统文化作为选拔官吏的重要标准，无疑对传统文化的不断传承起到了关键作用。

中国古代之所以对传统文化如此尊重和坚守，是因为古人始终认为传统文化是国家长治久安、社会和谐有序、文脉传承发展的精神基础。后人在传统文化中学习治国理政的智慧，培养为人处世的品质，汲取文艺创作的营养，乃至获得实现人生价值的资本。这些动机都激励着人们尊重和坚守传统文化，使传统文化得到成功传承。

(二)广泛争鸣，深度交融

唯物辩证法认为，矛盾是事物发展的源泉和动力，也是事物保持活力的内在依据。文化作为由诸多文化要素有机构成的系统，其活力源于系统内部诸要素之间、系统与系统之间的矛盾运动。文化只有始终存在这种活跃矛盾运动，才能保持长久的生命力和创新力。这种矛盾运动既表现为文化争鸣，即文化上对立的一面；又表现为文化交融，即文化上统一的一面。一种文化就是在不断的争鸣与交融中，保持着向前发展的动力和活力。中华文化几千年来生生不息，始终保持生机活力，正是由于传统文化的广泛争鸣与深度交融。

1.广泛的文化争鸣

所谓文化争鸣，是指文化上的差异和对立。在中华文化发展史上，文化争鸣是广泛而持久的。

一是主次文化争鸣。纵观中华文化史，儒家文化居于主导地位，其他文化居于次要地位。但这种主导地位的确立，是经过长期的争鸣实现的。孔子创立儒家思想之后，就一直受到其他思想的挑战。这些挑战先是来自先秦墨家、道家、法家等思想，后又来自秦汉以来佛学思想和其他思想。通过一次又一次儒与墨、儒与法、儒与道、儒与释和儒与其他思想的争鸣，儒家思想逐渐丰富和完善，成为中华民族古代社会的主导意识形态。

二是内外文化争鸣。中华文化从古至今，经历一个由小到大、由弱到强的过程。在这个过程中，中华文化内部系统与外部文化系统不断争鸣，在争鸣中逐渐发展壮大。最初，中华文化主要繁荣于黄河两岸的中原地区，在与周边其他民族和地区文化的争鸣中不断扩大影响。随着中华民族疆域的扩大和世界文化交流的推进，中华文化与世界其他文化，特别是印度文化、伊斯兰文化和西方文化也发生了广泛争鸣。

三是古今文化争鸣。中华文化发展过程中,还一直进行着古今争鸣。中华民族自强不息的精神和革故鼎新的理念,决定了文化上必然发生古今争鸣。在思想领域,孔子的儒家思想产生以后,后起的墨子、庄子、韩非子等思想家对孔子儒家思想进行了猛烈批判。在儒家思想内部,孔子之后,孟子、荀子、董仲舒、朱熹、王阳明等思想家也对儒家思想进行了不同于前人的阐释。在文学领域,唐诗、宋词、元曲、明清小说等文学样式先后出现,产生了许多优秀作品。通过文化上的广泛争鸣,传统文化始终保持了发展的活力。

2.深度的文化交融

所谓文化交融,是指文化上的融合和统一。文化争鸣是文化"异"的一面,文化交融是文化"同"的一面。文化争鸣的过程,往往也是文化的交融过程。

一是主次文化交融。儒家思想在传统文化中虽处于主导地位,但儒家思想也一直与其他思想进行着深度交融。先秦时期,儒、墨、道、法等诸子百家思想既广泛争鸣,又深度融合。《汉书·艺文志》说:"其言虽殊,辟犹水火,相灭亦相生也。仁之与义,敬之与和,相反而皆相成也。"说的正是诸子百家思想深度交融的一面。秦汉以来,"儒学在发展过程中,大量地吸收了佛教、道教的营养,不断充实自己的内容,完善自己的形式,从而保持了自己蓬勃的生命力"①。儒家思想与道家思想、佛学思想深度交融,甚至一度出现儒、释、道三教合流的文化现象。

二是内外文化交融。中华文化发展的过程,也是中华文化内部系统与外部文化系统不断深度融合的过程。张岱年认为:"中国

---

① 冯天瑜、何晓明、周积明:《中华文化史》,上海人民出版社2015年版,第319页。

文化的主体和核心——华夏文化是在华、戎、狄、夷等部族的融合中诞生出来的。"①汉代佛教传入中国,魏晋南北朝之际,北方少数民族文化大量传入中国,与中原地区的华夏文化产生激烈碰撞和融合。"野蛮但充满生气的北族精神,给高雅温文却因束缚于严格传统而冷淡僵化的中国文化带来了新鲜空气。"②内外文化的深度交融,给中华文化输入了新鲜血液。

三是古今文化交融。文化上的古今交融,表现为历史上一些时期文化上融合古今的现象。以古代文学为例,虽然一个时代有一个时代的文学,但后人的文学创作经常自觉地融合古今,纠正时弊,创造出新的文学作品。唐诗、宋词、元曲、唐宋散文、明清小说,每一代新的文学形式,都表现出融合古今的情况。以《红楼梦》为例,它是创作于清代的章回体长篇小说,它在思想上融合前代儒、释、道等各家思想,文体上融合了前代诗歌、散文、戏曲等各种文体,艺术上借鉴了前代《西厢记》《金瓶梅》等文学经典,成为中国古代文学的集大成者。传统文化的深度交融,使它可以不断地博采各家之长,保持长久的生机活力。

文化争鸣与文化交融相互促进,文化争鸣使不同文化显示优劣和高下,为文化交融提供前提;文化交融使不同文化相互吸收精华,为文化争鸣提供保障。中华文化发展过程中,文化争鸣使传统文化系统始终保持发展的张力。文化交融则经常给传统文化系统输入来自外部的、时代的新鲜血液,使传统文化经常以新的面貌获得发展。文化争鸣与文化交融共同使传统文化保持生机活力。

---

① 张岱年、程宜山:《中华文化精神》,北京大学出版社 2015 年版,第 129 页。

② 冯天瑜、何晓明、周积明:《中华文化史》,上海人民出版社 2015 年版,第 370 页。

（三）注重继承，勇于创新

传统文化"传"下去，有两种基本方式：一是保持原样"传"下去，二是有所创新"传"下去。也就是说，传统文化的持续传承，是通过文化继承和文化创新两种基本方式实现的。文化继承，侧重于"继"，是把传统文化、特别是把优秀传统文化"继"下来、"传"下去。文化创新，侧重于"新"，是通过对传统文化的创新发展，使传统文化以"新"面貌"传"下去。文化继承和文化创新是相辅相成的，没有文化继承，文化创新就缺少根本和源泉；没有文化创新，文化继承就失去生机和活力。

1.继承传统文化

传统文化需要继承，是因为传统文化中一些核心内容，是该文化系统的基因和标志，如果改变或丢弃，这种文化就会发生性质变化，甚至面临中断消亡的危险。中华文化在发展过程中，非常注重文化继承，特别是对传统文化中的核心内容，注重尽量保持原样地继承。中华文化的关键人物孔子，说他自己是"述而不作，信而好古"（《论语·述而》）。朱熹解释说："述，传旧而已；作，则创始也。"（《论语集注·述而》）也就是说，孔子对传统文化主要采用的是一种"继"下来、"传"下去的方式。孔子晚年整理修订六经，对《诗》《书》《礼》《易》《乐》《春秋》做了大量"述"的工作，对中华文化产生深远的影响。秦汉以来，知识分子对传统文化"述"的工作可谓持之以恒，特别是汉代、唐代、清代的知识分子尤其重视对文化典籍的整理修订，中国先秦乃至后世历代的重要文化典籍，也因此能够原汁原味地保存至今。不仅在文化典籍方面，中华民族对传统文化中的民族精神、治国理念、传统美德、文学艺术、历史经验、思维方式、语言文字、民俗节日、饮食服饰等方面，都注重进行一以贯之的继承。例如,热爱祖国、自强不息等民族精神,"民为贵""为政以德"等治国理念,仁爱、诚信等传统美德,春节、端午、中秋等民族节日,这些都被很好地继承下来。传统文化的继承,既使中华文化绵延不绝,也给中华民族带来深厚的文化营养和持久的文化动力。

2.创新传统文化

与文化继承相结合,文化创新也是传统文化持续传承的重要方式。在传统文化传承过程中,完全保持原样的继承几乎是不可能的。传统文化需要创新,因为时代一直在"变",文化必须因时而变、推陈出新,否则就难以为继。以儒家思想为例,作为中华文化中处主导地位的思想,其本身的传承过程,也是继承和创新相结合的过程。张岱年指出:"儒家既不是什么纯而又纯、铁板一块、在一切问题上都始终一贯的系统,也不是毫无脉络可寻的仅仅在名义上统一的一盘散沙,而是一个既有相对稳定结构,又有丰富复杂内容的在历史进程中不断演化的系统。"①儒家思想创立之后,随即就受到来自墨家、道家、法家等思想的挑战,秦汉以来又受到道教、佛教等思想的挑战。儒家思想为了生存和发展,进行了一系列创新。战国时期的孟子和荀子,汉代的董仲舒,宋代的"二程"和朱熹,明代的王阳明,都对前代儒学思想进行了创新性的阐释和发展,儒学也先后出现了先秦儒学、两汉经学、宋明理学、陆王心学、清代朴学等不同发展阶段。传统文化的创新,不仅发生在思想领域,而且发生在语言文字、文学艺术、伦理道德、制度礼仪等其他文化领域,中国古代的语言、文学、书法、绘画、建筑、戏曲、制度等,都出现了不

---

① 张岱年、程宜山:《中国文化精神》,北京大学出版社 2015 年版,第 112 页。

同程度的创新。这种持续的文化创新,使中华文化得到了更好的传承。

总结来说,传统文化的传承,首先,需要后人对传统文化的尊重和坚守,通过态度上的尊重和行动上的坚守,使传统文化绵延不绝。其次,也需要人们在传承传统文化过程中,注重文化的争鸣和交融,保持传统文化的生机活力。再次,人们只有既注重继承,也注重创新,两者有机结合,才能使传统文化得到持续传承。

二、实现中华优秀传统文化当代价值的教训

中华优秀传统文化发展过程中,在保持持续发展、取得辉煌成就的同时,也经历过许多坎坷曲折,甚至遇到过巨大文化危机。其中有许多深刻教训值得总结和汲取。

(一)文化结构失衡

从文化系统性角度看,一种文化是由诸多文化要素组合而成的文化系统。在一个文化系统中,文化要素有主次之分,如果主次文化要素地位恰当、组合合理,文化就有活力;反之,就会导致文化结构失衡,进而导致文化僵化。文化结构失衡,有时是因为文化独尊,过于强调主导文化要素,而损害其他文化要素;有时则是因为文化迷失,主导文化要素地位丧失,从而丧失文化的根本和灵魂。这两种情况,都会造成传统文化传承的严重问题。

1.文化独尊

在一定历史时期,确定一种稳定的主导文化,既利于社会发展,也利于文化发展。但这种主导文化的确立,不应以排斥其他文化为基础。文化上的独尊,乃至文化上的专制,往往会对文化的发展造成严重伤害。在中国历史上,文化独尊,甚至文化专制的现象

时有发生,而产生的危害也是深远而巨大的。秦帝国建立后,文化上实行独尊和专制,尊崇法家思想为唯一合法思想,甚至实行"焚书坑儒"的文化政策,既对中华文化造成极大破坏,也对秦帝国造成致命伤害。秦亡汉兴,黄老学说盛极一时,到汉武帝时,实行"罢黜百家,独尊儒术"的文化政策,确立了儒家思想的主导地位。在很长一段时间里,儒家思想与其他多元文化争鸣交融,主导文化与多元文化相得益彰,保持了文化的长期繁荣。

明清以来,在所有思想中独尊儒家思想,在儒家思想中又独尊程朱理学,使主导文化地位越来越突出,其他文化地位越来越降低,从而使中华文化发展进入狭窄而僵化的境地。在明代,一些反思批判儒学、反思批判程朱理学的思想家,如何心隐、李贽等被斥为"异端",甚至被迫害致死。在清代,文化上实行专制,且大兴"文字狱",制造"避席畏闻文字狱"的恐怖氛围,导致文化上"万马齐喑",思想文化变得越发僵化落后。

中国历史上,文化的发展呈现这样一种现象,即主导文化被恰当定位的时候,文化比较繁荣,如先秦文化和唐宋文化;主导文化被过度强调的时候,文化发展比较僵化,如秦代文化和明清文化。总之,中国历史上文化独尊乃至文化专制造成的文化伤害是巨大的。

2.文化迷失

在相当长时间内,中华文化以儒家思想为主导,主导文化与多元文化相得益彰,文化上取得了巨大成就。但也有一个历史现象值得注意,就是当儒家思想的主导地位受到猛烈冲击和严重削弱时,中华文化的发展也会出现动荡,甚至出现文化迷失现象。文化迷失是文化失去根本和灵魂的现象,不利于文化的发展。

西汉"独尊儒术"以来,儒家思想主导地位第一次受到严重冲击源于魏晋南北朝之后的佛教盛行。佛教从汉代传入中国,经过长期发展,在南北朝盛极一时。据《洛阳伽蓝记》记载,仅北魏都城洛阳,佛寺就多达一千三百多座。南朝佛教也非常盛行,唐代杜牧描绘这一现象时说:"南朝四百八十寺,多少楼台烟雨中。"(杜牧《江南春》)佛教的盛行,虽然给中华文化注入新鲜血液,但它危及了儒家思想的主导地位,造成了严重的文化迷失,甚至危及了国家政权的稳固,乃至发生了"三武一宗灭佛"的文化悲剧。

儒家思想主导地位第二次受到严重冲击源于近代以来的西学东渐。近代以来,西方列强用坚船利炮敲开中国大门,西方文化汹涌而入。在中西文化激烈碰撞中,儒家思想的历史作用受到质疑和批判,其主导地位也受到挑战和削弱。因此在很长一段时间内,中华文化缺乏一种稳定的主导文化,这就造成了文化上的迷失。迷失表现为文化发展上的一系列极端观点和现象,如"全盘西化""打倒孔家店""废除汉字"等,都是旧的主导文化崩塌、新的主导文化缺位造成的迷失现象。近代以来的文化迷失现象,造成了对传统文化的巨大伤害。

文化独尊和文化迷失,是文化结构失衡的两个极端。前者过度强调主导文化地位,窒息了多元文化的发展,最终也伤害了主导文化自身。后者削弱否定主导文化地位,使多元文化发展失去根本和灵魂,从而对文化造成伤害。中华文化史上的文化独尊和文化迷失现象,给我们传承传统文化以深刻的教训。

(二)文化关系失当

文化既有时代性,又有民族性。因此,不同文化之间既存在古今关系,即传统与时代的关系;又存在内外关系,即本来与外来的关系。传统文化既是一种"古"文化,也是一种"内"文化,传承传统文化必然要处理文化的古今关系和内外关系。这两种关系处理得当,文化就能发展;反之,文化就会落后。在中国文化史上,文化保守和文化排外,往往会导致文化的落后。

1.文化保守

对传统文化的尊重与坚守,是中华文脉连绵不绝的重要原因。但在处理传统与时代的关系时,如果过分强调传统、忽略时代,在文化上过于保守,就容易造成文化的落后。中国历史上出现过多次大的古今之争,而当文化保守派抱残守缺、顽固守旧时,就会阻碍文化的进步和社会的进步。战国初期,秦孝公任用商鞅变法图强,不仅在政治、经济、军事领域进行深刻变革,更是在思想文化领域革故鼎新。商鞅变法伊始就受到文化保守势力的反对,反对者声称:"圣人不易民而教,知者不变法而治。""法古无过,循礼无邪。"(《史记·商君列传》)商鞅变法虽然艰难推进,但商鞅本人却遭到保守势力的迫害。商鞅变法之后,历代推行变法或新政总会受到文化保守势力的阻碍,如胡服骑射、北魏孝文帝汉化改革、王安石变法、张居正改革等。

文化古今之争最为激烈、文化保守势力最为顽固的情况发生在近代。鸦片战争之后,传统文化受到近代文化的强烈冲击,也就是"古"文化受到了"今"文化的冲击。一方面,一些有识之士认为落后的传统文化必须代之以先进的近代文化,不如此中国就不能进步。另一方面,一些传统文化的保守者,以保卫传统文化为己任,认为丢弃传统文化就会亡国灭种。极端的文化保守态度阻碍了中国文化的进步和社会的进步。鲁迅说:"可惜中国太难改变了,即使搬动一张桌子,改装一个火炉,几乎也要血;而且即使有了血,也未必一定能搬动,能改装。不是很大的鞭子打在背上,中国自己是不肯动弹的。"①在这种激烈的古今之争、顽固的文化守旧中,洋务运动、戊戌变法、辛亥革命相继失败,中国的近代化之路障碍重重。文化的古今之争,有厚古薄今、厚今薄古两种倾向,它们都不利于文化进步,但厚古薄今的文化保守倾向在中国文化史上产生的负面影响尤其巨大。

2.文化排外

从起源看,中华文化是中原华夏文化和周边各民族文化,乃至世界其他文化长期争鸣交融的产物。但在相当长的时间里,华夏文化处于领先和主导地位。华夏民族对自身文化非常自信和自豪,《左传》上说:"裔不谋夏,夷不乱华。"(《左传·定公十年》)孔颖达对此解释说:"中国有礼仪之大,故称夏;有服章之美,谓之华。"(《春秋左传正义·定公十年》)相反,华夏民族对"夷狄"文化非常鄙视。孔子说:"夷狄之有君,不如诸夏之亡也。"(《论语·八佾》)孟子说:"吾闻用夏变夷者,未闻变于夷者也。"(《孟子·滕文公上》)基于此,中国古代就有了所谓的"夷夏之辨"。冯友兰认为:"在传统上,中国人与外人即'夷狄'的区别,其意义着重在文化上,不在种族上。"②可见"夷夏之辨"不是一种种族认同,而是一种文化认同,它认为"华夏"文化与"夷狄"文化之间存在优劣差别,应防止用"夷"变"夏"。孔子、孟子都是"夷夏之辨"的支持者,视"披发左衽""南蛮鴃舌"的夷狄文化为低等文化。虽然有"夷夏之辨",中华文化依然具有较强的包容性,特别是汉唐时期大量吸收了周边少数民族文化和世界其他文化。但也有一些时期,人们对"夷夏之

---

① 《鲁迅全集》第 1 卷,人民文学出版社 2005 年版,第 171 页。
② 冯友兰:《中国哲学简史》,北京大学出版社 2013 年版,第 305 页。

辨"极为敏感,甚至发展到文化上盲目排外的程度。

明末清初,西方文化随利玛窦、汤若望、南怀仁等传教士传入中国,中国获得了一次学习西方、赶上西方的绝佳机会。但以杨光先为代表的中国士大夫,严守"夷夏之辨",拒斥西方文化。在拒斥西洋历法时,杨光先说:"宁可使中夏无好历法,不可使中夏有西洋人。"(杨光先《日食天象验》)中国严守"夷夏之辨",关闭了内外文化交流的大门。鸦片战争之后,西方用武力打开中国大门,西方文化再次传入中国。中国知识阶层的许多人仍不识时务、盲目排外,阻挠"师夷长技以制夷"的洋务运动,阻挠"救亡图存"的戊戌变法,使中国的近代化步伐极为艰难。历史证明,这种文化排外不仅没有使传统文化得到很好的传承和弘扬,反而使传统文化更加落后和僵化。

古今之争是文化时代性的争论,夷夏之辨是文化民族性的争论,但这两者又经常交织在一起。例如,在近代文化争论中,中国自身的传统文化既是一种"古"文化,也是一种"夏"文化;而西方文化既是一种"今"文化,也是一种"夷"文化。因此,在中国近代,传统文化与西方文化的冲突,既是"古今之争",也是"夷夏之辨"。但不管怎样,在文化"古今之争"和"夷夏之辨"的区分中,极端保守和盲目排外的偏见,必然会造成文化的落后。

(三)文化定位失度

文化独尊或文化迷失,文化保守或文化排外,反映了人们对传统文化作用的定位失度。毋庸置疑,传统文化有其正面作用,也有其负面危害,但对其作用和危害都应理性认识、恰当定位,如果定位失度,就会产生文化走极端的倾向。如果过度夸大传统文化的作用,就会产生厚古薄今、盲目排外的倾向;相反,如果过度贬低传统文化的作用,就会滑向厚今薄古、崇洋媚外的极端。同样,对传统文化危害的定位失度,同样会对传统文化造成破坏。

1.传统文化作用的定位失度

传统文化有重要作用,这是毫无疑问的,也是被历史反复证明的。但传统文化到底有多大作用,却时常成为人们争论的焦点,而夸大或贬低传统文化作用的情况时有发生。特别是近代以来,在古今文化、中西文化的冲突中,这种失度表现得尤其明显。夸大或贬低的失度,往往造成对传统文化的破坏。

在夸大传统文化作用方面,晚清时期的士大夫曾经普遍具有这种倾向。他们饱读传统经典,深明孔孟之道,认为只有传统文化才能使中国在千年变局中化险为夷。以洋务运动为例,保守派高呼"立国之道,尚礼仪不尚权谋;根本之图在人心,不在技艺"[1],认为只有传统文化才能救国。洋务运动推动者,虽然也认为"以忠信为甲胄、礼义为干橹"不切实际,应该"师夷长技以制夷",但"他们觉得中国的政治制度及立国精神是至善至美,无须学西洋的"[2],也是明显夸大了传统文化的作用。虽程度有所不同,但洋务运动的支持者和反对者都夸大了传统文化的作用,这场运动的失败就在所难免了。

在贬低传统文化作用方面,以清末民初的知识分子为典型代表。鸦片战争之后中国在军事上一败再败,洋务运动、戊戌变法、辛亥革命等救国图存运动无一成功,这就使当时的知识分子将反思批判的矛头对准了传统文化。当时的许多知识分子普遍认为,传统文化已经失去了富国强兵、治国安民的作用,要使中国走出困

---

[1]　蒋廷黻:《中国近代史》,群言出版社 2015 年版,第 57 页。
[2]　蒋廷黻:《中国近代史》,群言出版社 2015 年版,第 54 页。

境非引入西方文化不可，"全盘西化""打倒孔家店""废除汉字"的主张一时甚嚣尘上。在当时处境下，对传统文化的反思和批判自有进步意义，但这种贬低传统文化作用的倾向，无疑使传统文化的地位一降再降。

2.传统文化危害的定位失度

明清以来，传统文化阻碍社会进步，产生巨大危害，这是毋庸置疑的。但对传统文化的危害如何定位，近代以来也出现了不小的偏差。夸大危害的有之，忽视危害的亦有之，这两种倾向都对传统文化造成了破坏。

在夸大传统文化危害方面，以"五四"时期的知识分子表现最为激烈。在新文化运动中，一些知识分子向传统文化发动了猛烈攻击。易白沙指出："孔子尊君权，漫无限制，易演成独夫专制之弊。孔子讲学不许问难，易演成思想专制之弊。"[1]吴虞指出："孔二先生的礼教讲到极点，就是非杀人吃人不成功，真是残酷极了。"[2]钱玄同提出："欲废孔学，不可不先废汉字。"[3]当时的知识分子之所以把矛头对准孔子，是因为他们认为孔子代表了传统文化，"打倒孔家店"就代表着打倒传统文化。今天看来，他们显然严重夸大了传统文化的危害。他们的偏颇在于以偏概全，把小的危害夸大，从而全盘否定传统文化。如果彻底否定了孔子，废除了汉字，中华文化也就失去了根本和灵魂。

与夸大传统文化危害相反，也有一些忽视传统文化危害的现象。20世纪80年代以来，随着中国经济腾飞和综合国力提升，特

---

① 冯天瑜、何晓明、周积明：《中华文化史》，上海人民出版社2015年版，第700页。
② 冯天瑜、何晓明、周积明：《中华文化史》，上海人民出版社2015年版，第701页。
③ 冯天瑜、何晓明、周积明：《中华文化史》，上海人民出版社2015年版，第703页。

别是与经济社会发展同时出现了道德滑坡现象,许多人逐渐忽视了传统文化给中国近代发展造成的障碍,认为传统文化特别是传统道德可以解决中国当代的许多问题。近几年,社会上甚至一度流行"女德班"之类的培训机构。与此同时,传统文化中的特权思想、宗法思想、"潜规则"等文化糟粕在当代社会的危害却被忽视掉了。

传统文化到底有多大作用,什么作用;有多大危害,什么危害,是值得认真对待的问题。对其准确认识、恰当定位,既有利于发挥传统文化作用,也有利于避免传统文化的危害。反之,如果认识模糊、定位失度,就会对传统文化造成破坏。

前事不忘,后事之师。中华文化五千年跌宕起伏的历程,给后人留下许多经验和教训。在实现中华民族伟大复兴的新视野下,实现中华优秀传统文化当代价值,需要我们认真总结和汲取这些历史经验教训。

第七章

实现中华优秀传统文化当代价值的方法途径

党的十九大报告指出："深入挖掘中华优秀传统文化蕴含的思想观念、人文精神、道德规范，结合时代要求继承创新，让中华文化展现出永久魅力和时代风采。"①实现中华优秀传统文化当代价值是一个重要而艰巨的系统工程，应坚持批判继承、古为今用的基本原则，坚持创造性转化、创新性发展的具体方法，构建中华优秀传统文化传承发展体系，使中华优秀传统文化真正服务当代中国和世界，展现出永久魅力和时代风采。

一、基本原则——批判继承、古为今用

毛泽东指出："对中国的文化遗产，应当充分地利用，批判地利用。"②习近平也指出："传承中华文化，绝不是简单复古，也不是盲目排外，而是古为今用、洋为中用、辩证取舍、推陈出新，摒弃消极因素，继承积极思想。"③对传统文化不是简单复古、全盘接受，而是

---

① 习近平：《决胜全面建成小康社会 夺取新时代中国特色社会主义伟大胜利——在中国共产党第十九次全国代表大会上的报告》，人民出版社2017年版，第42页。
② 《毛泽东文集》第8卷，人民出版社1999年版，第225页。
③ 习近平：《在文艺工作座谈会上的讲话》，人民出版社2015年版，第26页。

要"批判地利用"。"批判地利用"包括两个关键词,一是"批判",一是"利用","批判"是"利用"的态度,"利用"是"批判"的目的。"批判地利用"指明了我们对待传统文化应坚持的基本原则,即批判继承和古为今用。批判继承是古为今用的前提,表明了继承的态度,回答了继承什么、怎样继承的问题;古为今用是批判继承的目的,表明了继承的方向,回答了为谁所用、怎样使用的问题。实现中华优秀传统文化当代价值,实际上就是对传统文化的批判继承和古为今用。

(一)批判继承

近代以来出现过两种对待传统文化的极端倾向:全盘肯定和全盘否定。历史证明,这两种不加分析、绝对片面的态度是错误的,影响是负面的。对待传统文化,应坚持批判继承原则。毛泽东指出:"清理古代文化的发展过程,剔除其封建性的糟粕,吸收其民主性的精华,是发展民族新文化提高民族自信心的必要条件;但是决不能无批判地兼收并蓄。"[①]习近平指出:"我们要对传统文化进行科学分析,对有益的东西、好的东西予以继承和发扬,对负面的、不好的东西加以抵御和克服,取其精华、去其糟粕,而不能采取全盘接受或者全盘抛弃的绝对主义态度。"[②]批判继承不是全盘继承,也不是原样继承,而是有批判性地继承,是一种文化上的"扬弃"。

1.科学分析传统文化构成

传统文化内容博大而复杂,做到批判继承,首先应科学分析它的构成。毛泽东曾指出:"中国几千年的文化,主要是封建时代的

---

① 《毛泽东选集》第 2 卷,人民出版社 1991 年版,第 707—708 页。
② 习近平:《牢记历史经验历史教训历史警示 为国家治理能力现代化提供有益借鉴》,《人民日报》2014 年 10 月 14 日第 1 版。

文化,但并不全是封建主义的东西,有人民的东西,有反封建的东西。要把封建主义的东西和非封建主义的东西区别开来。封建主义的东西也不全是坏的。"①在传统文化中,既有文化精华,也有文化糟粕,很多情况下精华和糟粕杂糅在一起。我们可以从文化性质上,以唯物史观为指导,把中国传统文化分为四个部分:第一个部分是文化精华部分,即中华优秀传统文化,如传统美德和传统文艺等;第二个部分是文化糟粕部分,如封建迷信和官僚主义思想等;第三个部分是精糟杂糅部分,即文化精华与文化糟粕相杂糅的部分,如传统政治思想和道德规范等;第四部分是精华和糟粕之外的其他部分,因为传统文化内容巨大,我们目前还难以完全认识、明确区分,如浩如烟海的典籍、埋藏地下的古物等。在以上几个部分中,文化精华是主要的,文化糟粕是次要的。文化精华,即中华优秀传统文化在传统文化中占据主体地位。

2.区别对待传统文化内容

对待传统文化,应具体内容具体对待。对第一部分,文化精华部分,应毫不犹豫地继承。文化精华是传统文化的主体,也是中华民族的宝贵资源和突出优势。对待传统文化精华,特别是其中的民族精神、治国理念、传统美德、文学艺术、历史经验等内容,应大力传承发展,使其发挥当代价值。对第二部分,文化糟粕部分,应旗帜鲜明地批判。特别是对于传统文化中维护封建等级制度、阻碍当代社会发展的文化内容,应进行深入地批判和清理。对第三部分,精糟杂糅部分,应如淘米洗菜一般,萃取精华,去除糟粕。在传统文化中,许多内容成分比较复杂,精华中有糟粕,糟粕中有精

---

① 《毛泽东文集》第 8 卷,人民出版社 1999 年版,第 225 页。

华。对这一部分不能全盘否定，也不能全盘肯定，而应该认真分析，把文化精华萃取出来，把文化糟粕清除出去。对第四部分，精华和糟粕之外的其他部分，应加强保护传承、逐渐开发利用。中华文化博大精深，许多内容我们至今尚无法认识、无法利用，对这一部分当前应加强保护传承，在今后条件成熟时逐渐加以开发利用。

（二）古为今用

批判继承传统文化，主要目的是古为今用。毛泽东在对待古代文化和外国文化问题上，首先提出了"古为今用，洋为中用"①的原则。党的十八大以来，习近平多次强调要"古为今用"，指出："对我国传统文化，对国外的东西，要坚持古为今用、洋为中用，去粗取精、去伪存真，经过科学的扬弃后使之为我所用。"②古为今用，指明了我们传承传统文化的主要目的是"用"，还内在地指明了为谁用和怎样用两个方面的重要问题。

1.为人民服务、为社会主义服务

古为今用，就是为"今"所用，为当代社会所用。"古"就是传统文化，主要指中华优秀传统文化；"今"就是当代社会，既包括当代的人，也包括当代的事业。毛泽东曾指出："向古人学习是为了现在的活人，向外国人学习是为了今天的中国人。"③我国在 20 世纪 80 年代初明确提出了"文艺为人民服务，为社会主义服务"的口号，成为文艺发展的根本方向。实现中华优秀传统文化当代价值，也是要为人民服务、为社会主义服务，而不是为少数人服务、少数阶

---

①　《毛泽东文艺论集》，中央文献出版社 2002 年版，第 227 页。

②　习近平：《胸怀大局把握大势着眼大事 努力把宣传思想工作做得更好》，《人民日报》2013 年 8 月 21 日第 1 版。

③　《毛泽东文集》第 7 卷，人民出版社 1999 年版，第 82 页。

层服务。为人民服务,就是为广大人民群众服务,为广大人民群众的自由全面发展和幸福生活服务。在中国古代,广大人民群众没有接受文化教育的条件,文盲占人口大多数,诗词歌赋、琴棋书画、子曰诗云等高级文化成果难以惠及广大人民群众,而只是少数上层阶级和知识分子的专利。在当代,文化的古为今用,就是要使广大人民群众共享中华优秀传统文化的共同文化遗产。为社会主义服务,就是为中国特色社会主义各项事业服务,为我国的政治进步、经济发展、文化繁荣、社会和谐、生态改善等提供精神动力和智力支持。此外,中华优秀传统文化作为人类文明的重要成果,不仅应为当代中国人、当代中国社会服务,还应为当代人类、当代人类社会服务,为当代世界的和平与发展提供中国智慧。

2.与当代中国实际相结合

古为今用,要求“古”“今”结合,也就是传统文化与当代中国实际相结合。当代中国实际,既包括当代中国的发展目标,也包括当代中国的基本国情,还包括当代中国的时代特征。古为今用,要求我们把中华优秀传统文化与这些方面的当代实际相结合。第一,与当代中国的发展目标相结合。当前,中国最大的发展目标是“两个一百年”奋斗目标和中华民族伟大复兴的中国梦。中华优秀传统文化的古为今用,必须与当代中国的这一伟大目标相结合,在实现这一伟大目标的过程中实现自身价值。第二,与当代中国的基本国情相结合。党的十九大报告指出:“中国特色社会主义进入新时代,我国社会主要矛盾已经转化为人民日益增长的美好生活需要和不平衡不充分的发展之间的矛盾。”[1]但社会主要矛盾的变化

---

① 习近平:《决胜全面建成小康社会 夺取新时代中国特色社会主义伟大胜利——在中国共产党第十九次全国代表大会上的报告》,人民出版社 2017 年版,第 11 页。

并没有改变我国仍处于并将长期处于社会主义初级阶段的基本国情,我国政治、经济、文化、社会、生态等各领域的发展还处于初级阶段,人民思想道德素质和科学文化素质也处于初级阶段。中华优秀传统文化的古为今用,必须与社会主义初级阶段的这一基本国情相结合。第三,与当代中国的时代特征相结合。当代社会是一个世界多极化、经济全球化、社会信息化、文化多样化不断深入发展的社会,特别是科学技术突飞猛进,思想文化日益多元,文艺形式丰富多样,人类在文化领域的变化极为深刻。中华优秀传统文化的古为今用,必须与当代中国,乃至当今世界的时代特征紧密结合,特别要与当代科学技术发展带来的新变化相结合,否则传统文化的"旧"形式就无法适应当代社会的"新"形势。

二、具体方法——创造性转化、创新性发展

近代以来,我们提出过许多实现中华优秀传统文化当代价值的方法,如"中体西用"的方法、"抽象继承"的方法、"综合创造"的方法等。党的十八大以来,习近平在总结前人经验基础上,提出了"创造性转化、创新性发展"的方法,指出:"努力实现传统文化的创造性转化、创新性发展,使之与现实文化相融相通,共同服务以文化人的时代任务。"[①]党的十九大报告强调:"推动中华优秀传统文化创造性转化、创新性发展。"[②]"创造性转化、创新性发展"是实现中华优秀传统文化当代价值的科学方法。

① 习近平:《在纪念孔子诞辰2565周年国际学术研讨会暨国际儒学联合会第五届会员大会开幕会上的讲话》,《人民日报》2014年9月24日第2版。
② 习近平:《决胜全面建成小康社会 夺取新时代中国特色社会主义伟大胜利——在中国共产党第十九次全国代表大会上的报告》,人民出版社2017年版,第23页。

本书认为,从操作层面,"创造性转化、创新性发展"的方法应经过"三步走",也就是有三个重要环节:第一梳理萃取,是起点环节;第二加工改造,是重点环节;第三运用升华,是落点环节。这"三步走"环环相扣,缺一不可。

(一)起点:梳理萃取

梳理萃取是"创造性转化、创新性发展"的起点环节,也是基础环节。对中华优秀传统文化进行"创造性转化、创新性发展",首先要对传统文化本身进行基本的分析和整理,梳理传统文化的精华和糟粕,从而萃取出文化精华,清理掉文化糟粕。

1.区分文化精华和文化糟粕

在文化性质上,中国传统文化包括四部分内容,即文化精华部分、文化糟粕部分、精糟杂糅部分和其他部分。在这四个部分中,应重点区分文化精华和文化糟粕。实际上,这两者很难区分界定。既然如此,区分文化精华和文化糟粕必须首先确立一个标准。季羡林指出:"每一个时代和每一个社会都有自己的特殊要求……能满足这个要求的前代或当代的理论、学说或者行动,就是精华,否则就是糟粕。"①在季羡林看来,"时代要求"就是区分文化精华和糟粕的基本标准。这一标准具有一定科学性,从使用价值角度判断文化精华和糟粕。

在此基础上,本书认为,"文化精华",即"优秀传统文化",应达到以下三个标准:达到一定高度,这是文化标准;产生进步作用,这是历史标准;于今仍有一定价值,这是时代标准。这三个标准既反映了"文化高度",也反映了"历史作用",更反映了"时代要求",所

---

① 季羡林:《季羡林谈国学》,浙江人民出版社 2016 年版,第 98 页。

以更为科学全面。符合这三个标准的传统文化,就应视为文化精华。与此相反,判断"文化糟粕",主要应以"历史作用""时代要求"为标准,在历史上产生过负面作用,在今天仍然会产生负面作用的传统文化,就应视为文化糟粕。当然,这样的标准还是比较笼统,但以此为标准毕竟可以对文化精华和文化糟粕进行一个初步区分,为我们萃取文化精华,清理文化糟粕奠定基础。

2.萃取文化精华

确立区分文化精华和文化糟粕的标准之后,就应依据这个标准,把传统文化中的精华萃取出来。关于传统文化精华,一些学者曾做过萃取工作。例如,张岱年曾指出四个方面传统哲学的内容应该继承:无神论的传统、辩证思维的传统、以人为本位的思想传统、爱国主义的传统。[①] 2017 年初,中共中央办公厅、国务院办公厅印发了《关于实施中华优秀传统文化传承发展工程的意见》,指出了应主要传承发展的三个方面的优秀传统文化内容:核心思想理念、中华传统美德、中华人文精神。这三个方面内容代表了中华优秀传统文化的精髓。

根据上面提出的判定文化精华的标准,传统文化精华至少包括物质、精神、制度等三个文化层面十二个具体方面的内容。在精神文化层面,传统文化精华包括民族精神、治国理念、传统美德、文学艺术、历史经验、思维方式等六个方面内容。在制度文化层面,传统文化精华包括政治制度、社会礼仪、民俗节日等三个方面内容。在物质文化层面,传统文化精华包括历史文物、传统饮食、传统服饰等三个方面。本书第二章已对这十二个方面内容进行了简

① 张岱年:《文化与哲学》,中国人民大学出版社 2009 年版,第 267—268 页。

单介绍和梳理。此外，中华优秀传统文化中的语言文字、科学技术、中医中药、教育教学等方面内容，也是传统文化中的文化精华。萃取文化精华，应进行分门别类梳理，特别应对以上指出的十二个方面内容进行细致入微梳理，把传统文化的精华萃取出来，以供我们重点传承发展，实现当代价值。

3.清理文化糟粕

传统文化中有精华，也有糟粕。两者同属于传统文化，往往相互掺杂，难以分辨。毛泽东在谈到建设新民主主义文化时指出："不破不立，不塞不流，不止不行。"①文化糟粕得不到批判清理，就会殃及文化精华的声誉，阻碍文化精华的弘扬。因此，对于传统文化糟粕，应进行深入清理。清理文化糟粕，既是文化建设的重要任务，也是萃取文化精华、实现当代价值的重要基础。

第一，要梳理传统文化中的文化糟粕。在传统文化中，对文化糟粕的界定是一个难题。"五四"时期曾被视为文化糟粕的孔子学说，在今天又被视为文化精华。梳理传统文化糟粕，应以唯物史观为指导，以"历史作用""时代要求"为标准，凡是阻碍历史进步、妨碍社会发展、有碍人民幸福的传统文化，应视为文化糟粕。如历史上的"三纲""三从""四德"等封建道德规范，不仅在历史上臭名昭著，而且对于当代社会仍有不小的负面影响。只有彻底而详细地梳理出文化糟粕，使之与文化精华区分开来，我们才能更加清晰地"扬"精华而"弃"糟粕。

第二，要清理当代社会中的传统文化糟粕残留。传统文化中的许多文化糟粕在 20 世纪受到了批判和抛弃，但也有些文化糟粕

---

① 《毛泽东选集》第 2 卷，人民出版社 1991 年版，第 695 页。

根深蒂固、生命力强,如封建迷信、官僚主义、等级思想、享乐主义,以及各种封建社会形成的"潜规则",在当代社会还广泛存在,影响着经济社会的健康发展。这些糟粕残留需要我们认真清理。与此同时,我们还要警惕社会上出现的各种以弘扬传统文化为名,宣扬文化糟粕的现象,使文化糟粕真正得到批判和清理。

(二)重点:加工改造

加工改造是"创造性转化、创新性发展"的重点环节,也是中间环节。中华优秀传统文化具有时代性,产生、发展于中国古代社会,主要是一种农耕文化和封建文化,在性质上与当代中国的社会主义不相适应,在形式上与当代中国的文化环境不相适应,在作用上与当代世界的发展大势不相适应。这三个方面的不相适应,决定了我们必须从内容、形式和要素三个方面,对中华优秀传统文化进行符合时代要求的加工和改造。

1.赋予新的时代内涵

许多文化学者曾指出过中国传统文化的缺点和不足。鲁迅认为,中国传统文化是一种"吃人"文化,中国历史上"满本都写着两个字是'吃人'!"[1]梁漱溟认为中国文化有"五大病":幼稚、老衰、不落实、落于消极亦再没有前途、暧昧而不明爽。[2] 张岱年认为:"中国传统文化中有两个最大的缺点:一个是缺乏实证科学,一个是缺乏民主传统。"[3]这些文化大家指出的传统文化的缺点振聋发聩,说明了传统文化确实有其历史局限性。当前,传承发展中华优秀传统文化,实现其当代价值,必须赋予其新的时代内涵,特别应

---

① 《鲁迅全集》第 1 卷,人民文学出版社 1973 年版,第 281 页。
② 梁漱溟:《中国文化要义》,上海人民出版社 2011 年版,第 270—273 页。
③ 张岱年、程宜山:《中国文化精神》,北京大学出版社 2015 年版,第 217 页。

以社会主义核心价值观为指引,使中华优秀传统文化适合时代发展的要求。本书认为,以下四种时代精神是中华优秀传统文化相对缺乏,而应首先赋予的。

第一,赋予"民主"的时代内涵。中华优秀传统文化产生和服务于中国古代的奴隶社会和封建社会,在传统政治思想中,虽然有着可贵的"民本"思想,但却缺乏"民主"精神。《诗经》上说:"溥天之下,莫非王土;率土之滨,莫非王臣。"(《诗·小雅·北山》)这句名言生动说明了传统文化中推崇的是"君主"而非"民主"。从秦代建立封建帝制到清代,君主专制不仅没有减弱,而且大大加强了。邓小平指出:"我们这个国家有几千年封建社会的历史,缺乏社会主义的民主和社会主义的法制。"[①]"民主"是社会主义政治建设的重要内容,也是社会主义核心价值观的重要内容。习近平指出:"没有民主就没有社会主义,就没有社会主义的现代化,就没有中华民族伟大复兴。"[②]因此,传承发展中华优秀传统文化,必须赋予"民主"的时代内涵。

第二,赋予"平等"的时代内涵。与中国古代的专制政体相适应,以儒家思想为主导的传统思想缺乏真正的"平等"精神。《易经》上说:"天尊地卑,乾坤定矣。卑高以陈,贵贱位矣。"(《易传·系辞上》)把人之贵贱视为天经地义的事情。《资治通鉴》开卷即指出,国家必须"贵以临贱,贱以承贵",然后才能"上下相保而国家治安"(《资治通鉴·周纪一》),把人与人不平等的等级制度视为国家长治久安的基础。在中国古代,君臣、父子、夫妻贵贱有别,有所

---

① 《邓小平文选》第 2 卷,人民出版社 1994 年版,第 348 页。
② 习近平:《在庆祝全国人民代表大会成立 60 周年大会上的讲话》,《人民日报》2014 年 9 月 6 日第 2 版。

谓"君为臣纲、父为子纲、夫为妻纲"的伦理要求;社会阶层也分三六九等,士、农、工、商贵贱有别。这种不平等的封建秩序,发展到明清时代,就成了戕害人性、残害人民的"吃人"礼教。当代中国的社会性质已经根本改变,我国宪法明确规定:"中华人民共和国公民在法律面前一律平等。"①因此,传承发展传统文化,必须赋予"平等"的时代内涵。

第三,赋予"法治"的时代内涵。先秦诸子百家中有法家学派,提出了"法制"的思想,对中国历史影响很大。但是,法家学派的"法制"思想与今天的"法治"思想是具有根本区别的。易中天指出,先秦法家的思想是"两面三刀":"两面,就是'二柄',即奖与惩、赏与罚。三刀,就是势、术、法,即仗势欺人、阴谋诡计、严刑峻法。"②可见,法家的"两面三刀",只是用来维护封建君主专制和等级制度的手段,不是现代意义上的依法治国,中国古代缺乏真正意义上的"法治"思想。当前,"法治"已经成为国家治理的主要方式,成为维护"民主"和"平等"基本保障。因此,传承发展中华优秀传统文化,必须赋予"法治"的时代内涵。

第四,赋予"科学"的时代内涵。中国古代在科学技术方面取得了辉煌成就,产生了影响世界的四大发明。但明清以来,中国的科学技术却远远落后于西方。英国学者李约瑟提出了著名的"李约瑟难题":"欧洲在16世纪以后就诞生了近代科学,这种科学已被证明是形成近代世界秩序的基本因素之一,而中国文明却未能在亚洲产生与此相似的近代科学,其阻碍因素是什么?"③这一问题

① 《中华人民共和国宪法》,《人民日报》2018年3月22日第2版。
② 易中天:《先秦诸子百家争鸣》,上海文艺出版社2009年版,第172页。
③ 李约瑟:《中国科学技术史》第1卷,科学出版社、上海古籍出版社1990年版,第2页。

一经提出,就引起人们的深入思考和广泛争论。学者普遍认为,中国传统文化缺乏现代科学产生的土壤。张岱年指出:"应当承认,在中国传统文化中,确实存在使近代实证科学难以产生的因素。"①不仅传统文化中缺乏产生现代科学的土壤,而且还存在大量迷信成分,如鬼神崇拜、星命相术、求仙炼丹、拆字起课等。这些迷信因素在中国社会根深蒂固,即使在当代也大行其道,甚至发生高级知识分子和领导干部"不信马列信鬼神"的现象。因此,传承发展中华优秀传统文化,必须赋予"科学"的时代内涵。

赋予传统文化"民主""平等""法治"和"科学"等新的时代内涵,主要可以采用补充和替换两种方式。对于传统文化中缺乏和薄弱的时代精神,主要采取补充的方式,如用现代"民主"精神补充传统"民本"思想,用现代"法治"精神补充传统"德治"和"法治"思想。对于传统文化中与时代精神相背离的内容,主要采取替换的方式,如用现代"平等"精神替换传统"等级"思想,用现代"科学"精神替换传统"迷信"思想。

2.赋予现代表达形式

在中国古代,文化传播技术相对落后,传播载体较为有限。当今社会,随着科技的发展,特别是互联网的普及,人们传播文化、接受文化的方式发生了巨大变化。以前,受科技限制,人们主要通过文字的形式接受文化产品;当今社会,随着科技进步,人们更喜欢通过视频、音频、图片、动画等形式接受文化产品。因此,加工改造中华优秀传统文化,还必须从形式上做工作,赋予其现代表达形式,提高其传播效果。

———————————

① 张岱年、程宜山:《中国文化精神》,北京大学出版社 2015 年版,第 218 页。

第一,文字内容转化为影音内容。中华优秀传统文化有浩如烟海的典籍,主要都是文字内容,对广大人民群众来说,不仅具有语言文字的限制,也有时间精力的限制,因此可以将这些文字内容转化为影音内容,以便人们接受。例如,四大名著被拍摄成电视剧后,深受群众喜爱,效果非常好。电视系列片《演说论语》用影视手段表现儒家经典《论语》,也收到了很好的效果。在这方面,也应避免歪曲、恶搞性质的转化,如近几年电视上流行的古装宫斗剧、穿越剧、戏说剧等。

第二,古代语言转化为现代语言。中国古代的经典作品,如《论语》《孟子》《老子》《庄子》《左传》《史记》等,其语言文字古奥难懂,令普通群众望而生畏。这就需要语言转化,把古奥难懂的古代语言转化为简明生动的现代语言。传统文化典籍也出现了一些非常好的现代译本,如杨伯峻的《论语译注》《孟子译注》,中华书局出版的《中华经典名著全本全注全译丛书》,等等。在语言转化方面,应追求"信、达、雅"的标准,尽量保存传统文化的民族味道。

第三,传统形式转化为现代形式。传统文化中有一些好的形式需要继承,但也要根据时代特征创造出一些好的新形式。例如举办道德论坛、文化讲堂、经典诵读、民俗活动等,将传统形式转化为现代形式。纪录片《舌尖上的中国》,将传统饮食转化为电视节目,通过影像呈现传统饮食,乃至中华优秀传统文化博大精深的内容,引起观众强烈反响和好评。在传统形式转化为现代形式方面,要避免两个极端:一是生吞活剥、囫囵吞枣的极端;一是徒有其表、画猫类犬的极端。

3.融合其他文化要素

从文化系统论的角度看,任何文化系统都包含着若干文化要素。中华优秀传统文化作为一种农耕文化和封建文化,已难以作为一个完整的文化系统生存和发展,必须以文化要素的形式与其他优秀文化要素相融合创新,从而产生出新的更有生命力的文化系统。张岱年指出,文化要素与文化系统之间存在两种重要关系,可离与不可离关系,相容与不相容关系。① 中华优秀传统文化包含许多优秀的文化要素,它们是可分离的,也是可相容的,可以与其他优秀文化要素进行融合创新。

第一,与马克思主义融合创新。如何处理中华优秀传统文化与马克思主义之间的关系,是中国当代文化建设的重大问题。两者之间深度融合创新,是唯一正确的选择。从中华优秀传统文化发展的角度看,马克思主义挽救了近代以来传统文化遇到的生存危机,为我们传承传统文化指明了正确方向,提供了科学方法。从马克思主义发展的角度看,马克思主义只有与中华优秀传统文化相结合,才能为中国人民所喜闻乐见,才能在中国发挥强大力量。陈先达指出:"马克思主义的强大力量就在于它与中国实际的结合,其中包括与中国历史和传统文化的结合。"②毛泽东思想和中国特色社会主义理论,都是马克思主义与中华优秀传统文化融合创新的优秀成果,如"实事求是"的思想路线、"小康社会"的发展思想,"中华民族伟大复兴"的宏伟目标等,就是其中的成功范例。

第二,与外国优秀文化融合创新。如何处理中国文化与外国文化的关系问题,是中国文化发展过程中始终面临的一个重大问题。近代以来,中外文化激烈碰撞,产生过盲目排外和"全盘西化"的极端倾向,给中国的发展造成不良影响。毛泽东指出:"对于外

---

① 张岱年、程宜山:《中国文化精神》,北京大学出版社2015年版,第4页。
② 陈先达:《马克思主义和中国传统文化》,人民出版社2015年版,第9页。

国文化,排外主义的方针是错误的,应当尽量吸收进步的外国文化,以为发展中国新文化的借镜;盲目搬用的方针也是错误的,应当以中国人民的实际需要为基础,批判地吸收外国文化。"①历史上,汲取外国优秀文化,与中华优秀传统文化融合创新,是发展中华文化的成功经验。对待外国文化,鲁迅说:"总之,我们要拿来。我们要或使用,或存放,或毁灭。"②一方面,我们需要有鉴别力,保证我们汲取的是优秀文化,而不是所有外国文化,更不是落后文化。另一方面,我们还需要有消化力,能够把外国优秀文化吸收消化,与中华优秀传统文化有机融合,而不能"囫囵吞枣""消化不良"。

(三)落点:运用升华

运用升华是"创造性转化、创新性发展"的落点环节,也是关键环节。对中华优秀传统文化进行梳理萃取、加工改造之后,还必须形成崭新的有用的精神力量、治理方法、文艺精品、思想理念等文化成果,进入并服务于当代社会实践和群众生活。中华优秀传统文化当代价值是否实现,关键看它是否实现运用升华,产生时代作用。

1.凝聚推动中华民族伟大复兴的精神力量

实现"两个一百年"奋斗目标和中华民族伟大复兴的中国梦,需要凝聚起强大的精神力量。中华优秀传统文化,特别是其中的民族精神和传统美德,是形成民族复兴精神力量的重要源泉。

第一,增强文化自信。党的十九大报告指出:"文化自信是一

---

① 《毛泽东选集》第3卷,人民出版社1991年版,第1083页。
② 《鲁迅全集》第6卷,人民文学出版社2005年版,第41页。

个国家、一个民族发展中更基本、更深沉、更持久的力量。"①增强文化自信,是我们坚定道路自信、理论自信、制度自信的基础。文化自信不是文化自负,文化自信是建立在对本民族文化清醒认识、强烈认同的基础上的。中华优秀传统文化历史悠久、结构完整、连绵不断、成就辉煌、包容创新、富有特色,形成了博大精深、丰富多彩、魅力无限的文化体系,是我们增强文化自信的根本源泉。

第二,增强实现伟大梦想的精神动力。中华优秀传统文化中蕴含丰富的精神元素,如"天下兴亡,匹夫有责"的爱国精神,"天行健,君子以自强不息"的自强精神,"如欲平治天下,当今之世,舍我其谁也"的担当精神,"苟日新,日日新,又日新"的革新精神,"岂曰无衣,与子同袍"的团结精神,"筚路蓝缕,以启山林"的奋斗精神,"忧劳可以兴国,逸豫可以亡身"的忧患精神,等等。这些精神元素,以及其背后的历史人物与历史事件,都可以成为凝聚实现伟大梦想精神动力的宝贵精神元素。

第三,涵养社会主义核心价值观。民族复兴离不开正确价值观的引领。社会主义核心价值观深入回答了建设什么样的国家、建设什么样的社会、培育什么样的公民的重大问题,是民族复兴的价值引领。习近平指出:"培育和弘扬社会主义核心价值观必须立足中华优秀传统文化。"②中华优秀传统文化包含着丰富的价值观资源,特别是中华优秀传统美德,是我们今天涵养社会主义核心价值观的宝贵资源。

---

① 习近平:《决胜全面建成小康社会 夺取新时代中国特色社会主义伟大胜利——在中国共产党第十九次全国代表大会上的报告》,人民出版社 2017 年版,第 23 页。
② 习近平:《把培育和弘扬社会主义核心价值观作为凝魂聚气强基固本的基础工程》,《人民日报》2014 年 2 月 26 日第 1 版。

2.形成解决时代发展问题的治理方法

文化应该为时代服务,特别是应该为解决时代问题服务。习近平指出:"要围绕我国和世界发展面临的重大问题,着力提出能够体现中国立场、中国智慧、中国价值的理念、主张、方案。"①中华优秀传统文化博大精深,包含着几千年来中华民族应对内忧外患、解决各种问题的理论与实践、经验与教训,其中的一些思想与智慧对于今天我们解决时代问题依然具有深刻启发。实现中华优秀传统文化当代价值,应紧盯这些问题,为解决这些发展问题提供治理方法。

第一,借鉴古代优秀廉政文化。针对当前各领域的消极腐败问题,可以借鉴中国古代优秀廉政文化,找出推进反腐倡廉建设的有效办法。习近平指出:"研究我国反腐倡廉历史,了解我国古代廉政文化,考察我国历史上反腐倡廉的成败得失,可以给人以深刻启迪,有利于我们运用历史智慧推进反腐倡廉建设。"②中国古代廉政文化中的优秀思想和实践经验,可以在反腐倡廉教育和廉政文化建设,以及反腐败体制创新中,发挥一定作用。

第二,借鉴历史经验、历史教训、历史警示。中华民族拥有五千多年的历史,积累了极其丰富的历史经验、历史教训和历史警示。习近平指出:"牢记历史经验、牢记历史教训、牢记历史警示,为推进国家治理体系和治理能力现代化提供有益借鉴。"③回顾历史进程,借鉴历史成功经验,汲取历史失败教训,更有利于创造新

---

① 习近平:《在哲学社会科学工作座谈会上的讲话》,人民出版社 2016 年版,第 17 页。
② 习近平:《借鉴历史上优秀廉政文化不断提高拒腐防变能力》,《人民日报》2013 年 4 月 21 日第 1 版。
③ 习近平:《牢记历史经验历史教训历史警示 为国家治理能力现代化提供有益借鉴》,《人民日报》2014 年 10 月 14 日第 1 版。

的辉煌。

第三,借鉴古代优秀治国智慧。中国古代积累了丰富的治国智慧,其中的优秀部分依然值得今天借鉴。党的十八大以来,习近平总书记非常注重借鉴传统治国理念,发扬传统治国智慧。特别是他在一系列重要讲话中,大量引用古圣先贤的经典名言,赋予其以新的时代内涵,运用于中国当代的治国理政实践,转化为治国理政的新理念新思想新战略,从而使中华优秀传统文化得到了运用升华,实现了当代价值。

3.创作体现中华民族特色的文艺精品

每个时代都有每个时代的文艺,当代中国需要当代的文艺精品。习近平指出:"精品之所以'精',就在于其思想精深、艺术精湛、制作精良。"①中国古代产生了无数文艺精品,可以为创作当代文艺精品提供艺术元素。创作体现中华民族特色的文艺精品,使古代文艺的语言、风格和思想得到发挥和体现,也是中华优秀传统文化在当代的一种使用升华。

第一,学习古人语言。古代汉语是现代汉语的源头。毛泽东指出:"我们还要学习古人语言中有生命的东西。由于我们没有努力学习语言,古人语言中的许多还有生气的东西我们就没有充分地合理地利用。"②中国古代语言丰富多彩,有的作品语言简洁明快,有的作品语言古朴高雅,有的作品语言生动形象,值得当代文艺创作者学习借鉴。几年前,电视剧《甄嬛传》热播,剧中人物对话语言"古色古香",接近《红楼梦》的语言风格,被称为"甄嬛体",受到大众欢迎,这是古代语言在当代使用升华的一个成功例子。

---

① 习近平:《在文艺工作座谈会上的讲话》,人民出版社 2015 年版,第 10 页。
② 《毛泽东选集》第 3 卷,人民出版社 1991 年版,第 837 页。

第二,借鉴古典风格。中国古代文艺风格独特,在世界文艺史上独树一帜。冯友兰指出:"富于暗示,而不是明晰得一览无遗,是一切中国艺术的理想,诗歌、绘画以及其他无不如此。"①"富于暗示"是中国古代文艺的一个重要特色和成就,古代优秀的文艺作品往往给人以"含蓄蕴藉"之美。当代文艺创作出现数量多、精品少的问题,一个重要原因就是缺乏"含蓄蕴藉"之美。学习借鉴古代文艺的独特风格,对于创造具有民族风格的当代文艺精品具有重要意义。

第三,汲取优秀思想。中国古代文艺作品灿若星河,思想主题各种各样,但主要表达了对"真善美"的不懈追求。"捐躯赴国难,视死忽如归"的爱国情怀,"举头望明月,低头思故乡"的思乡情结,"慈母手中线,游子身上衣"的浓厚母爱,"情人怨遥夜,竟夕起相思"的美丽爱情,等等,都是古代文艺作品中反复表达的不朽主题。虽然当代中国的经济形态和社会环境改变了,但人们的精神追求、情感诉求没有改变,对"真善美"的追求没有改变。因此,中华优秀传统文化中的这些重要思想主题值得当代文艺创作者学习借鉴。

4.提出促进人类和平发展的思想理念

在人类文明上,中华文明作为人类的"轴心文明"之一,深刻影响了世界的进程,为人类文明做出了重大贡献。中华优秀传统文化作为中华文明的精髓,既属于中国,又属于世界,理应为当代世界继续贡献智慧和力量。特别是在全球经济增长乏力、地区发展不均、局部战争不断、恐怖主义肆虐、生态环境恶化等问题日益突出的情况下,中华优秀传统文化走向世界、服务世界,为造福人类

---

① 冯友兰:《中国哲学简史》,北京大学出版社2013年版,第12页。

社会提供思想理念,是在世界范围内的运用升华。

第一,提倡以和为贵的发展理念。"礼之用,和为贵。先王之道,斯为美,小大由之。"(《论语·学而》)中国古代以和为贵的理念和实践,对于当代社会的发展具有重要启发意义。几年来,中国积极推动构建以合作共赢为核心的新型国际关系,打造人类命运共同体,积极实施"一带一路"倡议,提出"亲诚惠容"的周边外交理念,等等,都是中华民族以和为贵发展理念为当代世界做出的重大贡献。

第二,提倡公平正义的价值追求。中国古代提出了"国不以利为利,以义为利也"(《礼记·大学》)的深刻思想,主张以义为利,提倡义利兼顾。党的十八以来,习近平在多个外交场合强调"正确义利观",指出:"在国际关系中,要妥善处理义和利的关系。""只有义利兼顾才能义利兼得,只有义利平衡才能义利共赢。"①"正确义利观"也是中华优秀传统文化为人类社会做出的重大贡献。

第三,提倡辩证综合的思维方式。中国辩证综合的思维方式,既注重从整体看局部,主张从局部现象观察整体问题、从整体角度解决局部问题;又注重以辩证促平衡,在把握事物的对立统一中保持平衡、达到和谐。当代人类遇到的一些难题,如果用辩证综合思维方式,有利于找出合理的解决方案。中国提出的"新型国际关系""人类命运共同体""一带一路"等理念,都体现中国古代辩证综合的思维方式。

三、依靠体系——中华优秀传统文化传承发展体系

《关于实施中华优秀传统文化传承发展工程的意见》明确提

---

① 习近平:《在韩国国立首尔大学的演讲》,《人民日报》2014 年 7 月 5 日第 1 版。

出："到 2025 年,中华优秀传统文化传承发展体系基本形成。"①《国家"十三五"时期文化发展改革规划纲要》也提出了"中华优秀传统文化传承体系基本形成"的发展目标。② 中华优秀传统文化传承发展体系,是实现中华优秀传统文化当代价值的依靠体系,应包括传承发展主体、传承发展平台、传承发展动力机制和传承发展保障机制等几个基本部分。

(一)发挥传承发展主体作用

文化传承,人人有责。不同的传承发展主体,责任不同。在中华优秀传统文化传承发展体系中,主要有党和政府、文化界、民间三个主体。其中,党和政府发挥领导作用,文化界发挥引导作用,民间发挥基础作用。这三者各尽其责,密切配合,共同传承发展中华优秀传统文化,实现其当代价值。

1.党和政府的领导作用

传承发展中华优秀传统文化,党和政府的领导作用至关重要。《关于实施中华优秀传统文化传承发展工程的意见》明确提出,要"加强组织领导",各级党委和政府要"切实把中华优秀传统文化传承发展工作摆上重要日程,加强宏观指导,提高组织化程度"。③ 在全面弘扬中华优秀传统文化的大背景下,各级党委和政府要发挥积极的领导作用。

第一,制定规划。科学的顶层设计,是传承发展中华优秀传统文化的关键。各级党委和政府有责任制定科学的传承发展规划,

---

① 《关于实施中华优秀传统文化传承发展工程的意见》,《人民日报》2017 年 1 月 26 日第 6 版。
② 《国家"十三五"时期文化发展改革规划纲要》,《人民日报》2017 年 5 月 8 日第 1 版。
③ 《关于实施中华优秀传统文化传承发展工程的意见》,《人民日报》2017 年 1 月 26 日第 6 版。

推动全社会掀起弘扬中华优秀传统文化的高潮,推动中华优秀传统文化服务当代社会和人民。近年来,党中央和国务院先后出台《完善中华优秀传统文化教育指导纲要》《关于实施中华优秀传统文化传承发展工程的意见》《国家"十三五"时期文化发展改革规划纲要》等重要文件,对传承发展中华优秀传统文化做出了科学规划,发挥了很好的规划作用。各级地方党委和政府也应根据这些顶层规划,制定出适合地方的规划。

第二,组织实施。再好的发展规划,也离不开贯彻落实。习近平指出:"要抓实、再抓实,不抓实,再好的蓝图只能是一纸空文,再近的目标只能是镜花水月。"①各级党委和政府制定出中华优秀传统文化的传承发展规划后,应组织各单位各部门贯彻实施,把规划中的任务认真完成,把规划中的目标真正实现。特别应防止形式主义和官僚主义,也要防止"形象工程"和"政绩工程",真正把中华优秀传统文化传承好、发展好。

第三,管理保护。中华文化历史悠久,给我们留下了数不胜数的文化遗产,具有重要的历史、艺术和科学价值。历史文物非常脆弱,破坏了就难以修复,遗失了就难以找回。长期以来,我国许多历史文物遭到了不同程度的破坏和遗失,现状堪忧。同时,一些非物质文化遗产的生存现状也不容乐观。各级党委和政府是文化遗产的管理者和保护者,有责任担负起对它们的管理和保护工作,使这些文化遗产既能服务当代社会,也能服务子孙后代。

第四,带头示范。孔子说:"君子之德风,小人之德草。草上之风,必偃。"(《论语・颜渊》)孟子说:"上有好者,下必有甚焉者

---

① 《习近平总书记系列重要讲话读本》,学习出版社、人民出版社2016年版,第239页。

矣。"(《孟子·滕文公上》)孔子孟子都强调以上率下的示范作用。传承发展中华优秀传统文化,政府和政府公务人员应带头示范,起到以上率下的作用。各级党委和政府的公务人员特别应在弘扬中华传统美德、弘扬古代优秀廉政文化、弘扬"民本"思想等方面,躬亲示范,做好表率。

2.文化界的引导作用

传承发展中华优秀传统文化,文化界责无旁贷。中华文化的产生和发展,离不开中国历代文化大家们的接续努力。当前,传承发展中华优秀传统文化,需要当代文化界的艺术家、理论家、批评家们发挥引导作用。

第一,文艺界的创作传播。在当代,中华优秀传统文化往往通过文艺作品传承和传播,优秀的传统题材的文学作品、电视剧、电影、纪录片等,通常能引起社会的强烈反响和好评。以四大名著为底本的电视剧、电影,以中国历史、传统文艺、传统服饰、传统饮食为题材的纪录片,都收到了很好的传承发展中华优秀传统文化的效果。因此,文艺界应多创作传统题材的文艺作品,弘扬"真善美",针砭"假恶丑",通过春风化雨、润物无声的方式,传播好中华优秀传统文化。

第二,学术界的整理阐释。传统文化有如下特点:一是"多",传统文化内容庞大,历史文化典籍汗牛充栋,我们今天常见的只是冰山一角;二是"杂",传统文化内容复杂,文化精华与文化糟粕相伴而生,很多作品精糟杂糅,难以分辨;三是"古",传统文化历史久远,许多典籍的语言文字古奥难懂,许多作品尚无现代标点。因此,学术界整理阐释的工作至关重要,要从众多的作品中梳理出文化经典,从庞杂的作品中萃取出文化精华,从古奥的作品中阐释出现代内涵,为中华优秀传统文化的传承发展工作奠定学术基础。

第三,批评界的引导规范。目前,不管是政府、文化界还是民间,都掀起了"国学热""传统文化热"。但与此同时,社会上也出现了许多对待传统文化的不良现象。有的主张复古,甚至宣扬"三从""四德",鼓吹"儒教治国";有的唯利是图,以弘扬传统文化为名,通过扭曲、丑化传统文化实现敛财目的;也有的持虚无主义态度,质疑一切传统文化,主张全盘抛弃传统文化。针对这些不良现象,批评界应该及时发挥引导规范作用,以便廓清思想迷雾,树立科学态度,指引正确方向。

3.群众的基础作用

人民群众是历史的创造者,也是文化的创造者和传承者。民间是最深厚最肥沃的文化土壤,中华优秀传统文化只有扎根民间、服务群众,才能得到真正的传承发展。从这个意义上来说,群众是实现中华优秀传统文化当代价值的主要力量,发挥着基础作用。当前,在政府主导、文化界引导的基础上,应该进一步发挥群众自身的基础作用。

第一,广泛接受优秀文化。群众既是文化的主要传承者,也是最终接受者,"传承"与"接受"是一个统一的过程。群众发挥传承作用,主要通过广泛接受的形式,使优秀文化扎根民间、传承不绝。对于中国古代优秀的文艺作品、家规家风、传统美德、民俗节日等,群众应自觉加深了解、培养兴趣,用以丰富生活、陶冶情操、提高素质。

第二,大力弘扬传统美德。中华传统美德是传统文化的精髓,在民间有着悠久传承和深厚基础,是人民群众处理人际关系、为人处世的基本准则。群众应大力弘扬传统美德,特别是大力弘扬尊老爱幼、尊师重教、勤俭节约、友爱慈善、诚实守信等美德,净化社会风气,构建和谐社会。

第三,自觉爱护文化遗产。中国是文明古国,也是世界上拥有文化遗产数量最多的国家之一。文化遗产是历史的见证,是民族的标识,是国家的财富,人人都有爱护保护的责任。群众是文化遗产的主要受益者,也应是主要爱护者。

孔子说:"礼失而求诸野。"(《汉书·艺文志》)中国文化史上,每逢遇到文化危机,传统文化总能在民间顽强传承。可见,只要群众发挥基础作用,中华优秀传统文化就能在民间根深叶茂、开花结果。

(二) 用好传承发展重点平台

文化传承发展需要平台。传承发展主体发挥多大作用,能否用好传承发展平台是关键。传承好中华优秀传统文化,以下三个平台需要重点利用,即学校、媒体和社会。

1.加强学校教育

百年大计,教育为本。学校是"传道、授业、解惑"的地方,是培养未来人才、传承民族文化的主要阵地。《关于实施中华优秀传统文化传承发展工程的意见》提出:"把中华优秀传统文化全方位融入思想道德教育、文化知识教育、艺术体育教育、社会实践教育各环节,贯穿于启蒙教育、基础教育、职业教育、高等教育、继续教育各领域。"①加强学校教育,应该从教学内容和教学方式上同时用力。

第一,增加中华优秀传统文化的教学内容。长期以来,中华优秀传统文化在教学内容中占比不大,甚至受到一定程度的漠视。当前,应在各教育领域增加中华优秀传统文化的教学内容,特别是在小学、中学、大学的教学中,增加中华民族精神、传统哲学、传统

---

① 《关于实施中华优秀传统文化传承发展工程的意见》,《人民日报》2017 年 1 月 26 日第 6 版。

美德、古典文学、传统书法、传统绘画、传统戏剧、民族风俗节日、传统礼仪等方面的内容,增加学生对中华优秀传统文化的了解和兴趣。

第二,改进中华优秀传统文化的教学方式。中华优秀传统文化教学的效果不仅与教学内容相关,更与教学方式密切相关。长期以来,中小学的传统文化教学存在重课堂而轻课外、重应试而轻素质的不良倾向。因此,学校除了课堂教学和应试教学外,还应加强社会实践和参观见学,充分利用图书馆、博物馆、艺术馆、历史古迹等文化场所,改进教学方式,提高教学效果。

中华民族有着悠久的教育传统,有着丰富的教育经验,有着深厚优秀的教育资源,因此弘扬中华优秀传统文化要把学校教育作为重中之重,要在青少年价值观、人生观、审美观、伦理观形成阶段装好"中国心"。

2.加大媒体传播

在文化领域,媒体是文化传播的平台,也是文化冲突的阵地。当前,文化传播的媒体既包括报纸和书刊等传统媒体,也包括广播、电视、互联网等新兴媒体。因此,传承发展中华优秀传统文化,应同时加大传统媒体和新兴媒体的传播。

第一,报纸和书刊。报纸和书刊是传统媒体,历来发挥着文化传播和传承的重要作用。即使在文化日益数字化的今天,纸质报纸和书刊依然具有不可忽视的作用。报纸和书刊比广播、电视、互联网等新兴媒体更为正式和严肃,中华优秀传统文化的重要典籍主要还是通过纸质书刊传播给人民群众,一些重要的学术成果、文艺作品、评论文章往往通过这些媒体发表和传播。因此,在中华优秀传统文化的宣传、阐释、引导等方面,报纸和书刊应发挥比新兴媒体更为关键的作用。

第二，广播和电视。随着科技的进步，广播和电视等大众媒体成为人们接受中华优秀传统文化的重要渠道。长期以来，中央人民广播电台、中央电视台和地方电视台，在传承发展传统文化方面发挥着重要作用。中央电视台的《探索发现》《百家讲坛》等栏目，播出了大量以中华优秀传统文化为内容的节目，如《于丹论语心得》《易中天品三国》《王立群读史记》等节目，受到广大人民群众欢迎，并在社会掀起《论语》热、《三国》热和《史记》热，极大推动了中华优秀传统文化的传播。因此，广播和电视应继续加强对中华优秀传统文化的传播，以更加丰富的内容和多彩的形式，向广大人民群众传播中华优秀传统文化，展现中华文化的无穷魅力。

第三，互联网。目前，中国的互联网已经非常普及，以门户网站、微博、微信为代表的互联网传播平台，已经成为信息传播的主要渠道，也成为中华优秀传统文化传播的重要渠道。以微信为例，一些国学类的公众号成为研究、解读和传播中华优秀传统文化的重要平台；一些历史虚无主义的言论也在微信上也广为流传，诸如质疑民族英雄、丑化民族历史、贬低民族文化的文章和帖子通过转发和共享的方式影响着广大网民。因此，传承发展中华优秀传统文化，必须注重拓展和用好网络媒体，用先进的技术传播手段和优质的文化资源占据网络阵地，不断增强中华优秀传统文化传承发展的效果。

3.加大社会宣传

在文化传播方面，除了学校和媒体外，社会是更为广阔的传播媒介。社会是人民群众生产生活的地方，也应该是中华优秀传统文化发挥正面作用的地方。因此，中华优秀传统文化应适时走出学校、科研机构等象牙塔,走向人民群众生产生活的社会,通过社会这个大媒介,进行传播和传承。

第一,公共场所。社会的公共场所,如广场、街道、车站、社区、村落等地方,是人群密集地区,应利用这些公共场所,通过图片、标语、音乐、影像、表演、讲座等丰富多彩的形式,向广大人民群众传播中华优秀传统文化。特别应在中国春节、清明、端午、中秋等传统节日期间,营造浓厚的传统氛围,使中华优秀传统文化如绵绵春雨般滋润人心。

第二,文化场所。社会的文化场所,如图书馆、博物馆、剧院、影院、文化宫、艺术展等地方,是专门的文化传播场所。应在这些场所加大中华优秀传统文化的传播力度,把中华优秀传统文化最有吸引力、最富魅力的内容,通过适当的形式展现给人民群众。

通过社会的广泛传播,把中华优秀传统文化推广到城镇、村落、社区、学校、家庭,甚至推广到中国的山乡僻壤、田间地头、街头巷尾、茶馆酒肆,最大范围地提高中华优秀传统文化的影响力。

(三)健全传承发展动力机制

传承发展中华优秀传统文化,发挥主体作用和用好传播平台,必须建立健全动力机制,增强传承发展动力。中华优秀传统文化传承发展的动力,主要有两个类型。一个是"看得见"的动力,如来自考试、选拔、评奖等方面的动力;一个是"看不见"的动力,如来自兴趣和市场方面的动力。建立健全动力机制,增强传承动力,应双管齐下,把"要我传承"和"我要传承"有机结合起来,更好实现中华优秀传统文化当代价值。

1.“看得见”的动力

"看得见"的动力是有形动力,这种动力往往是被动的,是在某种外力驱使下进行的文化传承发展。

第一,作为考试考核的重要内容。中华文化几千年来绵延不绝,其中一个重要原因就是中国古代将传统文化作为考试的重要内容。科举制度创立后,儒家经典成为考试的必考内容,到了明清,甚至成为唯一内容。可见,考试作为指挥棒,对文化传承具有很强的推动作用。长期以来,在我国的各种考试考核中,英语和自然科学的内容占比大,而中华优秀传统文化的内容占比小,这显然不利于中国人对中华优秀传统文化的学习。因此,应在以后各种考试考核中,特别是中考、高考、研究生入学考试、公务员考试中,增加对中华优秀传统文化的考查,通过考试考核这个指挥棒,增强文化传承发展的动力。

第二,作为选人用人的重要标准。中国古代选人用人强调"唯才是举""德才兼备"。习近平指出:"坚持正确用人导向,坚持德才兼备、以德为先。"①不管是古代还是当代,"才"和"德"都是选人用人的重要标准。但不同时代,对"才"和"德"的内涵理解不同。当前,"才"和"德"的标准应加入中华优秀传统文化的内容,如对传统治理思想的掌握、对历史经验教训的借鉴、对中华优秀传统美德的践行、对传统优秀廉政文化的弘扬等方面的内容。

第三,开展比赛评奖活动。比赛评奖是文化创作和传播的重要推动形式。近年来,中央电视台先后播出《汉字听写大会》《中国诗词大会》等电视节目,在全国引起巨大反响,对中华优秀传统文化的传播起到很大的推动作用。当前,传承发展中华优秀传统文化,应多举办传统文化主题的比赛评奖活动,如古代诗词、书法、绘

---

① 习近平:《建设一支宏大高素质干部队伍 确保党始终成为坚强领导核心》,《人民日报》2013 年 6 月 30 日第 1 版。

画、音乐、舞蹈等，鼓励民众广泛参与，在全社会形成传播、传承中华优秀传统文化的热潮。

2."看不见"的动力

"看不见"的动力是无形动力，这种动力往往是自发的，是靠自身的主动意愿进行的文化传承发展。

第一，培育文化兴趣。兴趣是文化传承的最好动力。中国古代许多优秀的文艺作品，如唐诗、宋词、四大名著等，在民间广受欢迎，主要是因为这些作品本身具有巨大的艺术魅力，激起了读者的极大兴趣。中央电视台的《百家讲坛》栏目，通过知名学者对中国历史和文化的讲解，一度掀起了人们对《论语》《三国演义》《史记》《聊斋志异》等传统经典的阅读热潮。如果说中华优秀传统文化目前还没有被人们所普遍喜爱，那是因为人们还没有认识到它的魅力，还没有培养起对它的兴趣。传承发展中华优秀传统文化，就是要用富有魅力的传统文化激起人们产生兴趣，促使人们主动、自觉、愉快地接受和传承中华优秀传统文化。

第二，发展文化产业。利益是驱动人们从事生产的内在动力，也是文化传承的巨大动力。在历史上，文化的传承和发展活动，往往也是人们的一种谋生手段。在社会主义市场经济条件下，传承发展中华优秀传统文化，必须建立健全现代文化市场体系，大力发展文化产业，通过市场的力量，把中华优秀传统文化的优秀元素发掘出来，变成消费者喜爱的文化商品。中央电视台纪录片《舌尖上的中国》，好莱坞电影《功夫熊猫》《花木兰》等，都是中华优秀传统文化元素变成现代文化商品，经济效益和社会效益双丰收的成功案例。

（四）加强传承发展保障力度

中华优秀传统文化传承发展的保障，主要来自两个方面，一是文化政策支持，二是政策法规保护。各级政府和相关部门，应出台切实可行的文化政策，加大对中华优秀传统文化传承发展的政策支持；同时也应制定有力完善的法律法规，加大对中华优秀传统文化传承发展的法规保护。

1.文化政策支持

新中国成立以来，我国制定了一系列积极有为的文化政策，如"二为"方向、"双百"方针、"三贴近"原则等根本政策，"弘扬主旋律，提倡多样化""古为今用，洋为中用，推陈出新"等基本政策，以及各文化领域的具体政策，为我国的文化建设事业提供了重要支持。当前，传承发展中华优秀传统文化，应及时制定与之相关的文化政策，特别应在以下几个方面提供积极的政策支持。

第一，文化研究的政策支持。习近平指出："要讲清楚中华优秀传统文化的历史渊源、发展脉络、基本走向，讲清楚中华文化的独特创造、价值理念、鲜明特色，增强文化自信和价值观自信。"[1]中华优秀传统文化的研究，是传承发展的基础，也是中国特色社会主义文化建设的重要工作。但是，由于传统文化研究难度大、效益小，这方面的优秀成果还相对较少。因此，应加大对中华优秀传统文化研究的支持，特别是在一些冷门方向，应加大资金和人力的投入。

第二，文化传播的政策支持。提高中华优秀传统文化的影响力，必须加大文化传播能力建设，增强政策支持。从数量上，应在报纸书刊、广播电视和互联网等传播平台上，加大对中华优秀传统

---

① 习近平:《把培育和弘扬社会主义核心价值观作为凝魂聚气强基固本的基础工程》,《人民日报》2014 年 2 月 26 日第 1 版。

文化的弘扬和宣传,加大传播力度。从质量上,应着力打造更多诸如《探索发现》《百家讲坛》等精品栏目,提高传播效果。

第三,文化产业的政策支持。文化产业成为国民经济支柱性产业,是我国文化建设的重要目标。中华优秀传统文化与文化产业是相互促进的,前者可以为后者提供优秀文化资源,后者可以为前者提供传承发展动力。应制定积极的文化产业政策,促进中华优秀传统文化产业化,加大财政、金融、税收、人才等方面的支持力度,大力培育文化市场主体,扩大文化消费,促进文化与科技深度融合,推动文化创意创新,发挥文化产业在传承发展中华优秀传统文化方面的动力作用。

2.法律法规保护

目前,我国已经出台了一些文化法律法规,如《文物保护法》《非物质文化遗产法》《公共文化服务保障法》《传统工艺美术保护条例》《文物保护实施条例》《历史文化名城名镇名村保护条例》《博物馆条例》等。总体来看,这些文化法律法规有两个基本特点。一是数量少。据不完全统计,目前我国法律法规约有 38000 多件,与文化相关的约有 1042 件,占总量的 2.7%,文化法律仅占全部法律的 1.7%。[①] 二是层次低。在文化法规中,文化法律少,文化法规多,权威性、系统性和针对性不够。因此,应加强关于中华优秀传统文化法律法规的完善和执行。

第一,完善法律法规体系。除了继续完善文化遗产保护方面的法律法规外,还应在以下几个方面加强。

一是解决文化纠纷。近几年来,随着文化产业的蓬勃发展,各

---

① 《"管文化"的法,太少!》,《人民日报》2015 年 5 月 20 日第 12 版。

种文化争夺战不断上演。如"杏花村"争夺战、"夜郎文化"争夺战、"牛郎织女"争夺战等,甚至"西门庆"也被争来争去。有网友评论说:"李白曹操有名声,生地墓地全得争。争完杞人争夜郎,再加西门大官人。"①这种文化纠纷的背后是利益纠纷,不妥善解决就会对传统文化资源造成破坏性开发。

二是维护文化形象。目前,在广播、电视和互联网上,破坏、歪曲、诋毁历史人物、民族英雄形象的言论、图片和节目经常出现,产生很坏影响。2017年3月,《中华人民共和国电影产业促进法》施行,明确规定电影中不得含有"诋毁民族优秀文化传统""侵害民族风俗习惯""歪曲民族历史或者民族历史人物"等方面的内容。但是,仅在电影领域立法显然不够,应尽快完善相关法律法规,全面维护中华优秀传统文化的形象。

三是保护文化精髓。目前,我国有《文物保护法》《非物质文化遗产法》等法律保护物质文化遗产和非物质文化遗产。但是,中华优秀传统文化中的许多文化精髓,如核心思想理念、中华传统美德、中华人文精神等,尚没有相关法律法规进行明确保护,导致其中的一些好的思想理念被歪曲,传统美德被亵渎,一些文化名人如孔子、孟子、朱熹、王阳明等被任意诋毁。文化批评和观点争论是有益的,但歪曲、亵渎和诋毁则不利于文化的传承发展。这些文化精髓,也应受到相关法规的保护。

第二,加强法律法规的执行。目前,我国义化法律法规不仅数量少、层次低,还存在有法不依、执法不力的问题。习近平指出:

---

① 《复古争夺战:法律能说不吗?》,《检察日报》2016年8月12日第5版。

"法律的生命力在于实施,法律的权威也在于实施。"①加强法律法规执行,应在以下几个方面努力。

一是要加大执法力度。2016 年 11 月,河南汝州百余座汉墓遭房地产开发商毁坏,事后汝州市文化广电新闻出版局按照《文物保护法》对涉事单位仅处以"罚金 40 万元"的行政处罚。② 类似的文物破坏案件时有发生,但往往都是罚钱了事,根本起不到法律的震慑作用。关于文物破坏行为,我国《文物保护法》和《刑法》中都有追究刑事责任的相关条款,应依法严格追究文物破坏案件的法律责任。

二是严肃问责追责。有统计结果显示,在国家文物局执法督查的统计结果中,法人违法的文物破坏案件占到 72%。③《国务院关于进一步加强文物工作的指导意见》明确要求建立文物保护责任终身追究制,应严肃问责追究相关责任人的法律责任。

三是鼓励群众监督。2013 年 2 月,颐和园文物云龙望柱头失踪,被一个名为"颐和吴老"的博主发现,并将此信息发布在网络上,引起社会广泛关注。④ 在信息时代,文化遗产的保护离不开群众的广泛参与。近年来的许多文物失踪、文物破坏事件,往往都是广大人民群众第一时间在互联网上爆料,然后才引起了社会和有关部门注意。因此,应鼓励群众监督,为我们文化遗产提供更多保护。

---

① 习近平:《关于〈中共中央关于全面推进依法治国若干重大问题的决定〉的说明》,《人民日报》2014 年 10 月 28 日第 1 版。
② 《河南汝州"汉墓群被毁"事件追踪——多人被追责 原址建展馆》,《中国文化报》2017 年 1 月 20 日第 2 版。
③ 《法人违法多发势头如何遏制》,《中国文化报》2016 年 9 月 8 日第 8 版。
④ 《颐和园云龙望柱头丢失调查》,《中国文化报》2013 年 3 月 4 日第 2 版。

历史的使命　时代的呼唤

党的十九大报告指出："文化是一个国家、一个民族的灵魂。文化兴国运兴,文化强民族强。"①中华优秀传统文化是中华民族的"根"和"魂",我们要守护好和传承好民族的"根"和"魂"。中国特色社会主义进入新时代,中华民族伟大复兴的宏伟目标已经清晰可见,我们比以往任何时候都更具有实现民族复兴的坚定信念和坚强力量。在这个伟大时代,传承中华文脉,复兴中华文明,这既是历史的光荣使命,更是时代的迫切呼唤。

习近平同志指出："在每一个历史时期,中华民族都留下了无数不朽作品。"②从原始社会质朴的精神之花,到先秦时代多彩的百家争鸣;从汉唐盛世恢宏的文化气象,到明清时期繁荣的文化景象,中华文化产生过璀璨的文化作品,取得了辉煌的文化成就,积累了丰厚的文化遗产。

进入新时代,中国特色社会主义文化蓬勃发展,世界各国文化百花齐放。产生于远古时期的中华优秀传统文化,已经传承到我

---

①　习近平:《决胜全面建成小康社会 夺取新时代中国特色社会主义伟大胜利——在中国共产党第十九次全国代表大会上的报告》,人民出版社2017年版,第41页。

②　《习近平谈治国理政》第2卷,外文出版社2017年版,第350页。

们这一代。中华优秀传统文化如何与网络时代融合,如何与外国文化争鸣,如何在新时代传承文脉、发扬光大,这是时代的难题,更是当代中国人光荣的历史使命。

习近平同志指出:"中华文化生生不息绵延发展、饱受挫折又不断浴火重生,都离不开中华文化的有力支撑。"[①]在中华民族的发展壮大过程中,中华优秀传统文化是增强中华儿女民族身份认同的文化标识,是抵抗外敌入侵的精神支柱,是维护我国团结统一的坚强纽带,是推进国家治理的思想源泉,是促进社会稳定有序的道德基础,是滋润人民心灵世界的精神食粮。这种强大的文化功能,直到今天还在发挥着不可替代的作用。党的十九大报告强调:"深入挖掘中华优秀传统文化蕴含的思想观念、人文精神、道德规范,结合时代要求继承创新,让中华文化展现出永久魅力和时代风采。"[②]挖掘和利用中华优秀传统文化的丰富资源,为中华民族伟大复兴提供文化支持,已经成为文化建设的重要任务,成为这个时代的强烈呼唤。

通过研究,本书得出如下主要结论:中华优秀传统文化博大精深,包括精神、制度和物质三个层面文化的丰富内容,是一个要素完备、功能强大的文化系统,表现出系统性、连续性、包容性、民族性和时代性等主要特征。从马克思主义价值论观点看,中华优秀传统文化能够促进当代生产力发展、社会发展和人的自由全面发展,具有巨大价值,并表现出时效性、多维性和差异性的特征。具

---

① 习近平:《在中国文联十大、中国作协九大开幕式上的讲话》,人民出版社 2016 年版,第 4 页。
② 习近平:《决胜全面建成小康社会 夺取新时代中国特色社会主义伟大胜利——在中国共产党第十九次全国代表大会上的报告》,人民出版社 2017 年版,第 42 页。

体说来,中华优秀传统文化具有凝聚整合价值、借鉴启发价值、德育教化价值、审美娱乐价值、文化产业价值、世界和平发展价值等六个方面的当代价值。实现中华优秀传统文化当代价值面临难得机遇,也面临巨大挑战;既有过成功经验,也有过失败教训。实现中华优秀传统文化当代价值是一个重要而艰巨的系统工程,应坚持批判继承、古为今用的基本原则,坚持创造性转化、创新性发展的具体方法,构建中华优秀传统文化传承发展体系。当然了,中华优秀传统文化博大精深,本书的这些研究并不足以阐明中华优秀传统文化当代价值的所有问题。

习近平总书记指出:"中华文化独一无二的理念、智慧、气度、神韵,增添了中国人民和中华民族内心深处的自信和自豪。"[1]我们怀着无限的自信和自豪,期待着中华优秀传统文化继续展现出无限的时代魅力和价值!

---

[1]　习近平:《在中国文联十大、中国作协九大开幕式上的讲话》,人民出版社 2016 年版,第 4 页。

参考文献

一、著作类

[1]马克思恩格斯选集(1—4卷)[M].北京:人民出版社,2012.

[2]毛泽东选集(1—4卷)[M].北京:人民出版社,1991.

[3]毛泽东文艺论集[M].北京:中央文献出版社,2002.

[4]邓小平文选(1—3卷)[M].北京:人民出版社,1993,1994.

[5]江泽民文选(1—3卷)[M].北京:人民出版社,2006.

[6]胡锦涛文选(1—3卷)[M].北京:人民出版社,2016.

[7]习近平谈治国理政[M].北京:外文出版社,2014.

[8]习近平谈治国理政(第二卷)[M].北京:外文出版社,2017.

[9]习近平.决胜全面建成小康社会 夺取新时代中国特色社会主义伟大胜利——在中国共产党第十九次全国代表大会上的报告[M].北京:人民出版社,2017.

[10]习近平.在文艺工作座谈会上的讲话[M].北京:人民出版社,2014.

[11]习近平总书记在文艺工作座谈会上的重要讲话学习读本[M].北京:学习出版社,2015.

[12]习近平总书记系列重要讲话读本[M].北京:学习出版社,人民出版社,2016.

[13]习近平新时代中国特色社会主义思想三十讲[M].北京:学

习出版社,2018.

[14]习近平关于社会主义文化建设论述摘编[M].北京:中央文献出版社,2016.

[15]十五大以来重要文献选编(上、中、下)[M].北京:人民出版社,2011.

[16]十六大以来重要文献选编(上、中、下)[M].北京:人民出版社,2005,2006,2011.

[17]十七大以来重要文献选编(上、中、下)[M].北京:人民出版社,2009,2011,2013.

[18]十八大以来重要文献选编(上、中、下)[M].北京:人民出版社,2014,2016,2018.

[19]中央文献研究室.论文化建设——重要论述摘编[M].北京:学习出版社,2012.

[20]刘方喜,陈定家,丁国旗,等.马克思、恩格斯、列宁、斯大林论文艺与文化[M].北京:中国社会科学出版社,2012.

[21]颜晓峰.颜晓峰自选集[M].北京:学习出版社,2012.

[22]李德顺.价值学大词典[M].北京:中国人民大学出版社,1994.

[23]李德顺,马俊峰.价值论原理[M].西安:陕西人民出版社,2002.

[24]李德顺.价值论[M].北京:中国人民大学出版社,2013.

[25]柳诒征.中国文化史[M].北京:中华书局,2015.

[26]陈登原.中国文化史[M].北京:商务印书馆,2014.

[27]冯天瑜,何晓明,周积明.中华文化史[M].上海:上海人民出版社,2015.

[28]马克垚.世界文明史(第二版)[M].北京:北京大学出版社,2016.

[29]范文澜.中国通史简编[M].北京:商务印书馆,2010.

[30]卜宪群.中国通史(1—5卷)[M].北京:华夏出版社,合肥:安徽教育出版社,2016.

[31]蒋廷黻.中国近代史[M].北京:群言出版社,2015.

[32]郭廷以.近代中国史纲[M].上海:格致出版社,上海人民出版社,2015.

[33]陈旭麓.近代中国社会的新陈代谢[M].北京:中国人民大学出版社,2012.

[34]柏杨.中国人史纲[M].北京:人民文学出版社,2011.

[35]柏杨.丑陋的中国人[M].北京:人民文学出版社,2008.

[36]胡适.中国文化的反省[M].上海:华东师范大学出版社,2013.

[37]钱穆.中国文化史导论[M].北京:商务印书馆,1994.

[38]钱穆.国史大纲[M].北京:商务印书馆,1994.

[39]钱穆.中国文化精神[M].北京:九州出版社,2011.

[40]钱穆.中国文化丛谈[M].北京:九州出版社,2011.

[41]钱穆.中华文化十二讲[M].北京:九州出版社,2012.

[42]钱穆.文化学大义[M].北京:九州出版社,2012.

[43]曹伯韩.国学常识[M].北京:中华书局,2015.

[44]梁漱溟.中国文化要义[M].上海:上海人民出版社,2011.

[45]梁漱溟.东西文化及其哲学[M].北京:中华书局,2013.

[46]梁漱溟.中国文化的命运[M].北京:中信出版社,2016.

[47]张岱年.文化与价值[M].北京:新华出版社,2004.

[48]张岱年,方立克.中国文化概论(修订版)[M].北京:北京师范大学出版社,2004.

[49]张岱年.文化与哲学[M].北京:中国人民大学出版社,2008.

[50]张岱年,程宜山.中国文化精神[M].北京:北京大学出版社,2015.

[51]方克立.马魂 中体 西用——中国文化发展的现实道路[M].北京:人民出版社,2015.

[52]冯友兰.中国哲学史[M].北京:中华书局,2014.

[53]冯友兰.中国哲学简史[M].北京:北京大学出版社,2013.

[54]胡适.中国文化的反省[M].上海:华东师范大学出版社,2013.

[55]任继愈.中国哲学史(1—4卷)[M].北京:人民出版社,2010.

[56]季羡林.三十年河东三十年河西[M].北京:当代中国出版社,2006.

[57]易中天.先秦诸子百家争鸣[M].上海:上海文艺出版社,2009.

[58]易中天.中国智慧[M].上海:上海文艺出版社,2011.

[59]易中天.我山之石:儒墨道法的救世之策[M].桂林:广西师范大学出版社,2011.

[60]王蒙.文化掂量:王蒙最新讲演录[M].广州:花城出版社,2015.

[61]陈先达.马克思主义和中国传统文化[M].北京:人民出版社,2015.

[62]周思源.中国文化史论纲[M].福州:海峡文艺出版社,2014.

[63]章开沅.离异与回归——传统文化与近代化关系探析[M].北

京:中国人民大学出版社,2010.

[64]叶朗,朱良志.中国文化读本[M].北京:外语教学与研究出版社,2010.

[65]何兆武,柳御林.中国印象:外国名人论中国文化[M].北京:中国人民大学出版社,2011.

[66]中共中央宣传部《党建》杂质社编.印象中国——43位外国文化名人谈中国文化[M].北京:红旗出版社,2012.

[67]王杰.领导干部国学大讲堂[M].北京:中共中央党校出版社,2011.

[68]国家图书馆编.部级领导干部历史文化讲座:传统文化中的治国理政智慧[M].北京:国家图书馆出版社,2015.

[69]李方祥.中国共产党的传统文化观研究[M].北京:中共党史出版社,2008.

[70]陈湘安.文化法则与文明定律:中华文明复兴的千年机遇[M].北京:中国友谊出版公司,2013.

[71]衣俊卿,胡长栓,等.马克思主义文化理论研究[M].北京:北京师范大学出版社,2012.

[72]郭凤海.文以铸兵——中国军事现代化的传统文化资源分析[M].北京:人民出版社,2013.

[73]黄楠森.有中国特色社会主义文化研究[M].济南:山东人民出版社,2009.

[74]马立诚.当代中国八种社会思潮[M].北京:社会科学文献出版社,2012.

[75]孙隆基.中国文化的深层解构[M].桂林:广西师范大学出版社,2011.

[76]张木生.改造我们的文化历史观[M].北京:军事科学出版社,
2011.

[77]杨凤城.中国共产党与当代中国文化发展研究[M].北京:中
共党史出版社,2013.

[78](美)赫伯特·乔治·韦尔斯.世界史纲[M].吴文藻、冰心、
费孝通译.南京:译林出版社,2015.

[79](美)斯塔夫里阿诺斯.全球通史:从史前史到21世纪[M].
吴象婴等译.北京:北京大学出版社,2005.

[80](美)菲利普·李·拉尔夫等.世界文明史[M].赵丰等译.北
京:商务印书馆,1998.

[81](美)雅克·巴尔赞.从黎明到衰落:西方文化生活五百年,
1500年至今[M].林华译.北京:中信出版社,2013.

[82](美)伊恩·莫里斯.文明的度量:社会发展如何决定国家命
运[M].李阳译.北京:中信出版社,2014.

[83](美)塞缪尔·亨廷顿.文明的冲突与世界秩序的重建[M].
周琪等译.北京:新华出版社,2002.

[84](美)塞缪尔·亨廷顿.文化的重要作用——价值观如何影响
人类进步[M].程克雄译.北京:新华出版社,2012.

[85](美)约瑟夫·奈.软实力:权力,从硬实力到软实力[M].马
娟娟译.北京:中信出版社,2013.

[86](美)理查德·内德·勒博.国际关系的文化理论[M].陈锴
译.上海:上海社会科学院出版,2012.

[87](美)费正清.中国:传统与变迁[M].张沛译.北京:世界知识
出版社,2001.

[88](美)罗兰·罗伯森.全球化:社会理论和全球文化[M].梁光

严译.上海:上海人民出版社,2000.

[89](英)爱德华·泰勒.原始文化[M].连树声译.上海:上海文艺出版社,1992.

[90](英)阿诺德·汤因比.历史研究[M].刘北成、郭小凌译.上海:上海世纪出版集团,2010.

[91](英)克里斯·巴克.文化研究——理论与实践[M].孔敏译.北京:北京大学出版社,2013.

[92](英)艾瑞克·霍布斯鲍姆.断裂的年代:20世纪的文化与社会[M].林华译.北京:中信出版社,2014.

[93](英)西蒙·冈恩.历史学与文化理论[M].韩炯译.北京:北京大学出版社,2012.

[94](英)约翰·汤姆林森.全球化与文化[M].郭英剑译.南京:南京大学出版社,2002.

[95](英)R.W.费尔夫.西方文化的终结[M].丁万江,曾艳译.南京:江苏人民出版社,2004.

[96](德)赫穆特·施密特.全球化与道德重建[M].柴方国译.北京:社会科学文献出版社,2001.

[97](德)卜松山.与中国作跨文化对话[M].刘慧儒,张国刚等译.北京:中华书局,2003.

[98](德)乌尔里希·贝克等.全球的美国?——全球化的文化后果[M].刘倩,杨子彦译.郑州:河南大学出版社,2011.

[99](德)于尔根·哈贝马斯.现代性的哲学话语[M].曹卫东等译.南京:译林出版社,2001.

[100](法)弗雷德里克·马特尔.主流——谁将打赢全球文化战争[M].刘成富等译.北京:商务印书馆,2012.

[101](以色列)尤瓦尔·赫拉利.人类简史:从动物到上帝[M].林俊宏译.北京:中信出版社,2014.

[102]Ian Morris. The Measure of Civilization: How Social Development Decides the Fate of Nations[M]. Princeton University Press, 2013.

[103]Denis Twitchett and Michael Loewe. The Cambridge History of China[M]. Cambridge University Press, 1986.

二、期刊报纸类

[1]习近平.为实现中国梦凝聚有力道德支撑[N].人民日报,2013-9-27(1).

[2]习近平.胸怀大局把握大势着眼大事努力把宣传思想工作做得更好[N].人民日报,2013-8-21(1).

[3]习近平.建设社会主义文化强国着力提高国家文化软实力[N].人民日报,2014-1-1(1).

[4]习近平.把培育和弘扬社会主义核心价值观作为凝魂聚气强基固本的基础工程[N].人民日报,2014-2-26(1).

[5]习近平.在联合国教科文组织总部的演讲[N].人民日报,2014-3-28(3).

[6]习近平.青年要自觉践行社会主义核心价值观——在北京大学师生座谈会上的讲话[N].人民日报,2014-5-5(2).

[7]习近平.从小积极培育和践行社会主义核心价值观——在北京市海淀区民族小学主持召开座谈会时的讲话[N].人民日报,2014-5-31(2).

[8]习近平.在纪念孔子诞辰2565周年国际学术研讨会暨国际儒学联合会第五届会员大会开幕会上的讲话[N].人民日报,2014-9-24(2).

［9］习近平.牢记历史经验历史教训历史警示为国家治理能力现代化提供有益借鉴［N］.人民日报,2014-10-14(1).

［10］习近平.大力弘扬伟大爱国主义精神为实现中国梦提供精神支柱［N］.人民日报,2015-12-31(1).

［11］陈先达.马克思主义和中国传统文化［N］.光明日报,2015-7-3(1).

［12］陈先达.传统文化创造性转化不能陷入误区［N］.北京日报,2016-3-28(17).

［13］陈先达.文化自信中的传统与当代［N］.光明日报,2016-11-23(13).

［14］颜晓峰.弘扬和建设中华文化是提高国家文化软实力的根本［N］.光明日报,2015-11-4(13).

［15］颜晓峰.实现中国梦的深厚软实力［N］.光明日报,2015-12-9(2).

［16］颜晓峰.中华优秀传统文化是实现中国梦的深厚软实力［J］.中国国家博物馆馆刊,2015(12).

［17］石仲泉.马克思主义中国化与传统文化——纪念中国共产党成立90周年［J］.贵阳市委党校学报,2011(2).

［18］高文兵.从优秀传统文化中汲取实现中国梦的精神力量［N］.人民日报,2013-7-22(7).

［19］景俊海.用中华优秀传统文化助推中国梦的实现［N］.光明日报,2016-1-23(9).

［20］李净,谢霄男.浅谈习近平中国传统文化观［J］.人民论坛,2015(3).

［21］沈壮海,刘水静.优秀传统文化与新时代的治国理政［N］.中

国教育报,2015-8-7(3).

[22]胡亚军.中国共产党传统文化观念的嬗变和启示[J].理论动态,2015(18).

[23]徐永新,赵传海.八十年来中国共产党对传统文化的理论与实践[J].江南社会学院学报,2002(11).

[24]王建星.中国共产党从思想、制度、战略层面传承与弘扬中华优秀传统文化[J].世纪桥,2013(9).

[25]石仲泉.开启继承和弘扬中国优秀传统文化新篇章[N].北京日报,2016-2-1(13).

[26]李君如.中国梦与中华民族的社会理想[J].中国国家博物馆馆刊,2015(12).

[27]张维为.中国文化传统与中国梦[J].中国国家博物馆馆刊,2015(12).

[28]葛剑雄.中国梦与传统文化[J].中国国家博物馆馆刊,2015(12).

[29]景俊海.中华优秀传统文化是实现中国梦的智慧宝库[J].求是,2015(12).

[30]王蒙.中华传统文化中的治国理念[J].贵州文史丛刊,2013(4).

[31]王蒙.实现现代化,并不是传统文化的丧钟[N].光明日报,2013-10-8(9).

[32]黄钊.论社会主义核心价值观同中国优秀传统文化资源的亲密关系[J].思想政治教育研究,2015(1).

[33]黄海.以中华优秀传统文化涵养社会主义核心价值观[N].光明日报,2015-10-21(13).

[34]王泽应.论承继中华优秀传统文化与践行社会主义核心价值观[J].伦理学研究,2015(1).

[35]林国标.传统文化的四种类型及对社会主义核心价值观的不同影响[J].湖湘论坛,2015(2).

[36]孟宪实.传统文化:中国文化软实力之源[J].时事报告,2007(4).

[37]韩东屏.用文化工具论把脉中国传统文化[J].河南社会科学,2008(2).

[38]韩东屏.文化工具论纲[J].河北学刊,2008(5).

[39]韩东屏.分而后总:中国传统文化的当代价值与世界影响力[J].学术月刊,2010(8).

[40]李宗桂.经济全球化与民族文化建设[J].哲学研究,2001(1).

[41]李宗桂.试论中华优秀传统文化的内涵[J].学术研究,2013(11).

[42]庞朴.文化的民族性与时代性[J].北京社会科学,1986(2).

[43]庞朴.文化结构与近代中国[J].中国社会科学,1986(5).

[44]庞朴.文化传统与传统文化[J].科学中国人,2003(4).

[45]庞朴.文化的界说[N].解放日报,2009-8-2(8).

[46]李昑.以先进军事文化助推强军目标实现[N].解放军报,2014-12-11(6).

[47]曹效生.用中国优秀传统军事文化助力强军实践[N].解放军报,2014-10-20(6).

[48]李军时.以中华优秀传统文化促进先进军事文化建设[J].长缨,2015(4).

[49]曾宇,曾仲秋.让国防建设从优秀传统文化中汲取养分[N].

中国国防报,2008-4-3(3).

[50]邱剑敏.传统军事文化视角下的强军文化思考[J].解放军艺术学院学报,2014(2).

[51]王岳川.大国文化安全与新世纪文化再中国化——人类应从物质现代化到精神现代化[J].当代文坛,2008(5).

[52]王岳川.中国文化软实力与文化安全[J].精神文明导刊,2010(9).

[53]王岳川.文化创新是中国核心价值的呈现[J].解放军艺术学院学报,2012(3).

[54]王岳川.文化强国与文化创新[J].科学中国人,2012(5).

[55]王岳川."再中国化":中国文化世界化的重要途径[J].江苏行政学院学报,2016(2).

[56]徐友渔."国学热"的浅层与深层问题[J].博览群书,2009(11).

[57]任丽梅."国学热"与中国传统文化现代化再思考[J].马克思主义研究,2013(10).

[58]刘东.国学如何走向开放与自由[J].长江学术,2015(3).

[59]纪宝成.国学与中华崛起之关系[N].中国社会科学院院报,2008-7-15(3).

[60]纪宝成.重估国学的价值[J].素质教育大参考,2005(8).

[61]汤一介.儒学的现代意义[N].光明日报,2006-12-14(6).

[62]汤一介.儒学与当今全球性三大难题[N].北京日报,2007-9-17(20).

[63]陈碧生.十年来大陆"国学热"现象鸟瞰[J].文化纵横,2010(2).

［64］李学勤.在国学热中的几点思考［J］.东岳论丛,2009(6).

［65］黄晓丹、孙代尧.传统文化当代价值实现路径探析——学习习近平关于中国传统文化的重要论述［J］.中国特色社会主义研究,2016(1).

［66］施炎平.从文化资源到文化资本——传统文化的价值重建与再创［J］.探索与争鸣,2007(6).

［67］羊涤生.试论文化的综合与创新［J］.清华大学学报,1988(2).

［68］李方祥.分清两种"创造性转化"的根本区别［J］.思想理论教育导刊,2015(5).

［69］张潇文.在现代化进程中推进传统文化的创造性转化［J］.学海,2015(5).

［70］中国传统文化的历史定位与建构新文化的路径走向［J］.社会科学论坛,2006(2).

［71］林炜,杨连生.传承优秀传统文化 提高文化软实力［J］.红旗文稿,2015(20).

［72］刘余莉.从传统文化中汲取营养建构全社会普遍遵守的道德价值观［J］.精神文明导刊,2009(10).

［73］张国祚.提升我国文化软实力的战略思考［J］.红旗文稿,2011(08).

［74］王杰.中国传统文化的当代价值［J］.中国党政干部论坛,2007(2).

［75］贺云翱.中国现代化,要立足传统文化再出发［N］.新华日报,2015-12-2(16).

［76］王伟光.坚定文化自信 传承和弘扬中华优秀传统文化［J］.求是,2016(26).

后　记

　　相传仓颉造字，"始作书契，以代结绳"，中华文化由此而兴。仓颉造字之说虽未必可信，然历史文物不断出土，考古发现不断增多，从距今180万年的西侯度文化，到距今7000年的仰韶文化、距今5000年的良渚文化，追根溯源，中华文化何其久远也！夏商之后，先秦诸子竞相争鸣，《诗经》《楚辞》前后辉映，《左传》《史记》彪炳史册，又有汉之赋、六代之骈文、唐之诗、宋之词、元之曲、明清之小说，回顾历史，中华文化何其兴盛也！近代，"新文明之势力，方挟风鼓浪，蔽天而来，叩吾关而窥吾室，以吾数千年之旧文明当之，乃如败叶之遇疾风，无往而不败衄"（胡适语），当此之时，中华文化又何其衰落也！

　　百年沧桑，可歌可泣，凤凰涅槃，重新崛起。跨入新世纪，进入新时代，中华民族昂扬奋进，中国国力蒸蒸日上。传承中华文脉，复兴中华文明，是历史的使命，更是时代的呼唤。

　　笔者少时读书，信而好古，喜读古诗古文，虽不求甚解，亦能欣然忘食。数年前，导师颜晓峰教授建议我以"中华优秀传统文化当代价值"为题作博士论文，我欣然接受。我知道，这不仅是导师对我的"因材授题",更是对我为中华文化贡献绵薄之力的殷切希望。接受题目以来,我亦喜亦忧。喜的是我可以徜徉在博大精深的中华文化中,尽情汲取传统精华;忧的是面对浩如烟海的古籍、深奥玄妙的思想、佶屈聱牙的文字,实在有难以胜任之感。数年来,我阅读子曰诗云的古籍,可谓"焚膏油以继晷,恒兀兀以穷年",然而收获却十分有限。

论文之所以能完成,而竟能付印出版,离不开颜晓峰老师的精心指导。颜老师德才兼备,常给人"仰之弥高,钻之弥坚;瞻之在前,忽焉在后"之感。颜老师教导有方,"循循然善诱人,博我以文,约我以礼",传我以修身之道,授我以为学之业,解我以人生之惑,使我的论文始终沿着正确方向推进。在我论文过程写作中,国防大学马列教研部的专家教授们,对论文提出了许多有益建议,不厌感激之至。在论文出版过程中,广西师范大学出版社的编辑虞劲松、梁嗣辰,不厌其烦,精心校对,提出了许多中肯的建议,这里一并表示感谢。

"为天地立心,为生民立命,为往圣继绝学,为万世开太平。"这是中国古人的伟大情怀,是中华民族的不朽精神。我辈不敏,也常以此志激励自己。在书稿即将出版之时,看着案头堆积的中华典籍,再看看自己粗鄙不堪的文字,心中着实惶恐不安。然而,如能为传承中华文脉、复兴中华文化贡献绵薄之力,或可稍感安慰了。

赵坤

2019 年 4 月